Roger Monnerat Hrsg.

# Elisabeth Kulmann (1808-1825)

Neue Gemäldesammlung in zwanzig Sälen

Saal 1 bis Saal 8,
Seite 423-469 der Ausgabe 1847

Kulmann Edition Band 8

*Bibliografische Information der Deutschen Nationalbibliothek: Die Deutsche Nationalbibliothek verzeichnet diese Publikation in der Deutschen Nationalbibliografie; detaillierte bibliografische Daten sind im Internet über http://dnb.dnb.de abrufbar.*

*© 2023 Roger Monnerat*
*Herstellung und Verlag:*
*BoD – Books on Demand, Norderstedt*

*ISBN: 9 783752 804133*

# Vorwort

Hier liefern wir nun auch die zweite Hälfte der lyrischen Leistungen der Verfasserin, wo sie, die anfangs dem Reime so wenig geneigt schien, um sich nicht dem Verdachte auszusetzen, als läge der Grund dieses Widerwillens gegen den Reim in einem Unvermögen seine Schwierigkeiten zu überwinden, nun Alles in Reimen schreibt, und sich selbst nach und nach die schwersten Fesseln anlegt; demungeachtet aber so frei und leicht einherschreitet, als sei sie jedes Joches ledig; und also auch hier beweist, bei ihr beherrsche der Reim nie den Gedanken. Zum Schlusse endlich folgen ihre Leistungen im epischen Gebiete, zwar von bedeutendem Umfange, aber leider nur zwei statt eines zahlreichen Zyklus, wie sie sich uns zu liefern vorgenommen hatte. Höchst ungern schließen wir ihre so mannigfaltigen und so sehr gelungenen Übersetzungen aus allen alten und neuen klassischen Sprachen von dieser Sammlung ihrer eigenen Gedichte aus; aber sie würden den Umfang dieses Werkes verdoppeln, ja fast verdreifachen.

Karl Friedrich von Großheinrich

Neue Gemäldesammlung in zwanzig Sälen.

## 1. Die Ebene von Marathon

Aus blutigem Gewölke
Schaut Sol auf Marathon.
Da sprach zu den Athenern
Mit Ruhe Kimon's Sohn:

Nicht uns, o Krieger, gehet
Dies Schreckenszeichen an;
Es lenkt der Gott die Perser
Dadurch auf Todesbahn.

Die wiesengleichen Sümpfe
Deckt dichter Nebelflor;
Nichts ahnend, rückt längs ihnen
Der Feind siegträumend vor.

Den Nebel trinkt die Sonne,
Eh' er gereiht sein Heer;
Des Sarges grünen Schleier
Sieht dann mit Grauen er.

Wir aber nützen muthig
Den günst'gen Augenblick,
Und werfen den Barbaren
In Sumpf und Meer zurück.

Er winkt, und rings ertönet
Der Führer Ruf zur Schlacht;

Den Zwischenraum durchlaufend,
Stehn sie vor Datis *) Macht.

Du, Kallimach, zur Rechten,
Mit dir die größre Zahl;
Das Jünglingepaar **) im Mittel,
Der Feldherr überall.

Stets Ein Mann gegen zwanzig,
Weicht keiner von dem Ort,
Den man ihm angewiesen,
Dringt vor, wo nicht, fällt dort.

Die Flügel heut entscheiden;
Der linke naht dem Sieg;
Jagt diese Sklavenhorde
In's Meer, dem sie entstieg !

Seht fernher Pallas Lanze
Uns leuchten wie ein Stern !
Ein Siegespfand ! Doch wer
fiele Nicht für die Heimat gern
?

Rief Kallimach, und eilet,
Dem Kriegsgott gleich, voran;
Da strecket ihn zur Erde
Ein Pfeil auf halber Bahn.

Nun faßt sie Wuth. «Laßt, Brüder,
Uns rächen Kallimach !
Vertilgt sie all', es bleibe
Nicht eine Spur hier nach !»

Dieweil der linke Flügel

Sie in die Sümpfe sprengt,
Hat wüthend sie der rechte
An's Meer zurückgedrängt.

Heil, Sieger, euch ! Ihr
machtet Nicht nur die Heimat
frei;
Ihr rettetet die Menschheit
Von ew'ger Barbarei.

*) Name des Feldherrn der Perser.
**) Themistokles und Aristited

## 2. Die drei Brüder

1.

Auf Marathons Gefilden
Sah unverzagt Athen
Man ohne Bundsgenossen
Der Meder Unzahl stehn.

In diesem Heldenheere,
In diesem Mordgewühl
Bemerkte man drei Brüder :
Amynias, Aeschyl,

Am meisten Kynegiras,
Den ältesten der drei.
Versunken stack im Schlamme
Des Feindes Reiterei.

Und als, am Sieg verzweifelnd,
Nun auch das Fußvolk wich,
Wagt, einen Schwarm verfolgend,
Er bis zur Flotte sich.

Mit Flüchtlingen erfüllet,
Durchhaut sein Ankertau
Ein Schiff, und will sich retten;
Verlorne Müh' ! Denn schau !

Es klammert Kynegiras
Sich an sein Vordertheil,
Nicht achtend, daß ihn treffe
Mehr als Ein Feindespfeil.

Nicht eher zu entfliehen
Ist es dem Schiff erlaubt,
Als bis ein Beil dem Helden
Die beiden Arme raubt.

II.

Zwei tausend Perserschiffen
Stehn, siegsgewissen Sinns,
Die Griechen gegenüber
Am Ufer Salamins.

Am attischen Gestade
Prahlt stolz auf goldnem Thron
Der Schach: «In einer Stunde
Trag' ich den Sieg davon !»

Heut irrte sich, o König
Der Könige, dein Mund.
Sieh ! statt des Sieges, gehet
Dir Schiff auf Schiff zu Grund.

Durchbrochen hat die Reihen
Der deinen schon der Feind;
Verwirrung und Entsetzen
Sind gegen dich vereint.

Sieh, wie mit allen Segeln
Der Jüngling dort, verbotzt,
Als such' er seinen Todfeind,
Auf deinen Bruder stotzt !

Sieh', wie des Jünglings Barke
Das Orlogsschiff umschwebt,
Es in den Grund zu bohren
Mit allen Kräften strebt !

Und sieh ! es ist gelungen,
Schon dringt die Flut hinein,
Schon fängt es an zu sinken,
Sie werden handgemein.

Er kämpft mit Arasamdes,
Bringt einen Stoß ihm bei,
Und sieh, dein Bruder sinket,
Und Alles ist vorbei !

Sieh, selbst die Winde treten
Dem Bund der Feinde bei,
Und treiben deine Schiffe
Auf jene Felsenreih'.

Selbst die Phönikerschiffe,

Sie halten nicht mehr Stand.
Flieh, flieh ! Der ganze Himmel
Kämpft heut für Griechenland.

Amynias, den jüngsten
Der Söhn' Euphorions,
Erkennt Athen für würdig
Des höchsten Siegerlohns.

III.

«Und Aeschylos, der Dichter ?»
So fragt mich euer Blick.
Auch er blieb hinter beiden
An Muthe nicht zurück.

Auf Marathons Gefilden,
Auf Salaminens Fluth,
Und auf Platiäa's Ebenen
Gab Proben er von Muth.

Und sang der Griechen Thaten,
Der theuern Heimat Ruhm;
Und kam, für sie noch kämpfend,
Vor Gela's Mauern um.

Setzt seines Denkmals Aufschrift,
Die er sich selbst bestellt.
«Fragt Marathons Gefilde,
Ob mir's an Muth gefehlt !»

## 3. Griechische Volkslieder

*Zueignung*

Nimm, mein Lehrer, zum Geschenke
Diese vierzehn Lieder hier ! Messen
können mit Tyrtäens
Schlachtgesängen sie sich nicht;
Aber nicht unwürdig jener
Schönen Zeiten ist ihr Sinn,
Und beweiset, daß des Feindes
Eisern Joch den Nacken zwar,
Aber nicht die kühnen Seelen
Meiner Griechen niederbog.
Und so hätte denn die Reihe
Meiner Jugendlieder ich,
Griechenland ! mit dir begonnen,
Und geendiget mit dir !
Diese Lieder sind die Früchte
Von fünf Nächten, froh durchwacht,
Denn ich ahnte, welche Wonne
Dir gewährte dieses Werk.
Nicht umsonst, wird mancher sagen,
Nannten wir die Griechin sie.

## 1. Der Olymp

Der Olympos und Kissawos *),
die zwei Gebirge streiten,
Das eine streitet für das Schwert,
Das andre für die Flinte.
Da wendet sich der Olympos,
und spricht zu seinem Gegner:
Ha, Kissawos ! sitz du nur still,
von Feindes Fuß zertretener !
Ich bin das Greisenhaupt Olymp,
von dem die Welt vernommen;
Ich habe zwei und vierzig Höhn

und zwei und sechzig Quellen,
Jedwede Quelle ein Panier,
jedweder Busch ein Klefte.
Auf meinen kahlen Scheitel kam
ein Adler sich zu setzen,
Und eines Tapfern Kopf hält er
in seinen scharfen Krallen.
Er hackt ein und das andre Mal
den Kopf, und fragt ihn endlich:
Sag mir doch, Kopf, was thatest du,
daß dich dies Loos getroffen?
Verzehr', o Aar, mein junges Blut,
und meinen Muth verzehre !
Der Flügel wächst dir ellenlang,
und spannebreit die Kralle.
In Luros und Xeromeros
kämpft' ich; als Armatole,
In Chasien und auf dem Olymp
zwölf Jahre lang als Klefte;
Und sechzig Aga schlug ich todt,
und sengte ihre Dörfer:
Wie viele Türken aber ich
erschlug und Albanese
Es sind, o Vogel, ihrer viel,
sie lassen sich nicht zählen.
Nun aber traf auch mich das
Loos zu fallen in dem Kampfe.

\* Der neuere Name für Helion

## II. Dimos Traum

Sagt' ich's nicht, Dimos ! einmal dir,
sagt' ich's nicht drei- und fünfmal:
Drück deine Mütze tiefer ein !

13

verhüll des Rosses Decke !

Daß die Albaner sie nicht sehn,
hersprengen und dich tödten,
Durch vieles Goldgeschmeid gelockt
und deine stolze Haltung.
Der Kuckuck singet auf den Höhn,
das Haselhuhn im Felde;
Es singt ein kleiner Vogel auch,
sich Dimos Haupte nahend;
Nicht sang, wie Vögel singen, er,
nicht wie die Schwalben singen;
Wohl aber sang er oder sprach
vielmehr mit Menschenstimme:
Was bist du, Dimos, nur so bleich,
und siehst du so erschrocken?
Du fragest mich, o Vögelein,
und ich will dir es sagen:
Ich kam hieher um auszuruhn,
ein wenig hier zu schlummern;
Da sah ich bald in meinem Schlaf,
im Schlaf, in dem ich ruhte,
Den weiten Himmel ringsum trüb,
und blutig die Gestirne;
Mein damascirter Säbel war
mir wie in Blut gebadet.

## III. Bukowallas

Welch ein Getöse tönt von dort,
welch schreckendes Getümmel?
Sie schlachten Stiere dort vielleicht ?
vielleicht verfolgen Wild sie?
Sie schlachten weder Stiere dort,
noch folgen sie dem Wilde;

Wohl aber schlägt sich Bukowall
mit tausend und fünfhundert
Im Zwischenraum Kerassobon's
und des Kanurer-Gaues.
Ein blondgelocktes Mädchen ruft
mehrmalen aus dem Fenster:
Mach', Janni, dem Gefecht ein End',
ein Ende du dem Feuern,
Damit der Staub sich legen kann,
und sich der Dampf erhebe;
Und wir nachzählen deine Schaar,
zu sehn wie viele fehlen.
Der Türke zählt drei Mal sein Heer,
stets fehlen ihm fünfhundert.
Gezählt wird auch der Klefte Schaar,
es fehlen ihr drei Schützen:
Der eine ging nach Wasser aus,
der andre Brot zu holen,
Der dritte und der tapferste
stand unter dem Gewehre *).

* die Beute zu bewachen

## IV. Janni Statha.

Ein schwarzes Fahrzeug segelte
der Küste zu Kassandra's;
Es decken schwarze Segel es
und himmelblaue Wimpel.
Entgegen kam mit rother Flagg'
ihm eine Kriegskorvette,
Und rufet: Zieh' die Segel ein,
und gib dich mir gefangen !
Nicht zieh' ich meine Segel ein,

15

nicht geb' ich mich gefangen.
Seht ihr für eine Braut mich an,
die kommt um euch zu grüßen ?
Ich bin Jannis, Statha's Sohn,
der Eidam Bukowallens:
Werft, Kampfgenossen, schnell das Tau,
nach vorn des Schiffes Schnabel !
Laßt fließen Ströme Türkenbluts,
und schonet nicht der Ketzer !
Die Türken stürmen auf sie zu,
des Schiffes Schnabel wendend.
Es stürzt, den Säbel in der Hand,
der erst' auf sie Jannis.
Es strömt das Blut in dem Verdeck,
es röthen sich die Wogen,
Es ruft: Allah ! Allah ! und fleht
der Ketzer Schaar um Schonung.

## V. Letzter Abschied des Kleftes

Stürz' in das Thal du dich hinab,
hinab zum nahen Ufer !
Gebrauch als Ruder deine Arm',
und deine Brust als Steuer,
Und dein gewandter Körper mag
als Nachen jetzt dir dienen !
Und gibt Gott und Maria dir,
daß du hinüber schwimmest,
Und unser Lager du erreichst,
wo wir die Beute sammeln,
Und die zwei Schaafe brieten jüngst,
den Floras und den Tombras:
Wenn unsre Jugendfreunde dann
dich meinetwegen fragen:
Sag' ihnen ja nicht, daß ich fiel,

daß kläglich ich gestorben;
Sag' nur, ich habe mich vermählt
in freudenloser Fremde:
Hab' ein Gestein zur Schwiegerin,
zum Weib die schwarze Erde,
und alle Kiesel ringsumber
zu nächsten Blutsverwandten.

## VI. Dimos Grab

Die Sonne naht dem Untergang,
und Dimos seinem Ende.
Geht, Kinder, bringet Wasser her,
und esset dann zu Abend !
Und du, Lamprakis, Schwestersohn,
setz' hier dich mir zur Seite !
Nimm, trage meine Rüstung jetzt,
und sei von nun an Führer;
Ihr aber, liebe Kinder, nehmt
den herrenlosen Säbel,
Und hauet grüne Zweige ab,
und helft mir mich zu setzen.
Geht, bringet mir den Priester her,
daß meine Beicht er höre:
Daß alle Sünden ich ihm sag',
so viel ich je begangen:
Denn dreißig Jahr war Armatol,
und zwanzig Jahr ich Klefte.
Nun aber nahet mir der Tod,
und ruhig will ich sterben.
Sorgt, Kinderchen, daß ja mein Sarg
geräumig sei und mannshoch,
Damit darin ich aufrecht steh'
zum Schlagen und zum Schießen.
Und an der rechten Seite laßt

ihr mir ein Fenster offen,
Damit die Schwalben sich mir nahn
und mir den Lenz verkünden;
Damit die Nachtigallen mir
den schönen Mai besingen.

## VII. Jotis Tod

Sehr frühe stand ich heute auf,
zwei Stunden eh' es tagte;
Nahm Wasser mich zu waschen dann,
den Schlaf mir zu verscheuchen.
Ich höre, wie die Fichte seufzt,
die Eichen, wie sie stöhnen,
Und wie der Klefte Höhlen rings
um ihren Führer trauern.
Auf ! und erheb', Joti, dich !
entsag' dem schweren Schlummer !
Die Feinde haben uns umringt,
und wollen auf uns stürzen.
Was sag' ich, arme Kinder, euch,
unglückliche Genossen?
Unheilbar ist die Wunde,
und wie Feuer brennt die Kugel.
Hebt mich von meinem Lager auf,
und helft mir mich zu setzen;
Bringt jetzt mir süßen Wein, damit
ich trink' und mich betäube,
Und jenes Lied, das traurige,
das schwermuthsvolle singe:
Wär' ich auf hohen Bergen doch,
in schattenreichen Wäldern !
Wo froh die reiche Lämmerschaar
und fette Widder grasen.

## VIII. Pliaskas

Es liegt Pliaskas, lieget dort
am traurigen Gewässer.
Im Wasser mit den Füßen, lechzt
er dennoch stets nach Wasser.
Mit Vögeln läßt er in's Gespräch
sich ein, und frägt die Schwalben:
Sagt, Vögel, werd' ich bald gesund?
wird bald die Wunde heilen?
Pliaska! willst du Arzenei,
soll deine Wunde heilen;
Geh' du auf den Olymp hinauf,
die anmuthsvolle Gegend:
Dort sind die Tapfern niemals krank,
und Kranke selbst sind tapfer.
Dort findest Klefte du die Meng'
und ihre vier Gebieter:
Vertheilet werden dort die Beut'
und die Kapitanate.
Dem Nikos ward Potamia,
dem Chrestos Alassona;
Befehligen wird Tolios
dies Jahr in Katerinen,
Und Lasopul der jüngere
hat Platamon' erhalten.
Pliaskas, der unselige,
und dem Verhängniß nahe,
Ging sorglos nach Turnowo hin,
um dort sich zu zerstreuen;
Doch schnell folgt hinter ihm der Feind,
und raubet ihm das Leben.

## IX. Andriko

Andriko's Mutter grämet sich,
Andriko's Mutter weinet.
Oft schaut sie nach den Bergen hin,
schaut und verwünscht sie alle.
Was habt, Agrapha's wilde Höhn,
Agrapha's Felsengipfel,
Mit meinem Sohne ihr gethan,
dem Klephtenhaupt Andriko?
Wo ist er, daß er nicht erschien
den ganzen Sommer über?
Nichts hört in Aspro man von ihm,
und nichts in Karpenitzi.
Verwünschet seid, ihr Aeltesten!
und du, Kakogeorgi!
Ihr habt den Sohn mir weggesandt,
den ersten aller Kämpfer.
Gewässer, mindert eure Fluth!
kehrt zu den Quellen wieder!
Und bahnt Antriko einen Weg
hierher nach Karpenitzi.

## X. Kaliakudis

O wär' ich doch ein Vogel, schnell
schwäng' ich mich in die Lüfte;
Säh' nach dem Frankenlande hin,
nach Ithaka, dem wüsten;
Vernähme initleidsvollen Ohrs
Kaliakudens Gattin,
Wie sie sich grämt, und trostlos seufzt,
und schwarze Thränen weinet.

Dem Haselhuhn, das mauset, gleich,
zerrauft sie ihre Locken,
Und wie der Raben Schwinge schwarz,
ist ihre ganze Kleidung.
Am Fenster sitzt sie unverwandt,
und schauet nach dem Meere,
Und kein vorübersegelnd Schiff
läßt je sie ungefraget:
Geliebte Böt und Fahrzeuge,
und goldne Brigantinen !
Kommt ihr von dannen, oder geht
ihr nach den öden Maltos ?
Habt meinen Mann ihr nicht gesehn,
den Lukas Kaljakudis ? —
Wir ließen gestern ihn zurück
jenseits von Gaurolini.
Sie brieten junge Lämmerchen
und Hammelfleisch an Spießen:
Auch hatten sie fünf Bey's bei sich,
die dreheten die Spieße.

## XI. Hystakis

Nach Regen dürstet das Gefild,
nach Schnee das Hochgebirge,
Die Habichte und Küchelein,
der Muselmann nach Köpfen.
Sagt doch, was ward zuletzt aus ihr,
der Mutter des Hystakis,
Die beide Söhne erst verlor,
und nachher auch den Bruder ?
Und wie im Wahnsinn sprach sie oft,
und irrt umher, und weinet;
Erscheinet weder auf dem Feld
noch irgend auf den Bergen.

Sie ging hinüber, sagte man,
in der Wolochen Dörfer.
Dort aber fielen dazumal
lautdonnernd viele Schüsse.
Und fielen nicht beim Hochzeitmahl,
noch auch beim Festgelage;
Hystakis nur verwundeten
an Hand und Knie die Schüsse.
Zersplittert wie ein schlanker Baum,
fällt er wie die Cypresse.
Und er erhob die laute Stimm',
und rief wie sonst als Vormann:
Wo bist du, guter Bruder ? sprich,
wo bist du, Vielgeliebter ?
Kehr' um und trag' mich aus dem Feld
wo nicht, mein Haupt zum mindsten:
Daß die Ungläub'gen, dass Jussuf,
der Mohr, es mir nicht raube,
Und nach Janina zu dem Hund
Ali Pascha es bringe.

## XII. Skyllodimos

Es setzte Skyllodimos müd
zum Mahl sich unter Fichten.
Es stand bei ihm Irene, wie
um Wein ihm einzuschenken.
Schenk', anmuthsvolles Mädchen, ein,
schenk ein mir bis es taget:
Bis sich der Morgenstern erhebt,
die Morgenröthe nahet.
Und mit zehn Palikaren send'
ich dich nach deiner Wohnung.
Dim ! ich bin deine Sklavin nicht,
um Wein dir einzuschenken:

Ich bin der Obervogtes Braut,
die Tochter des Archonten.
Und durch die finstre Waldung nahn
ihm jetzo sich zwei Wandrer.
Es deckt der lange Bart das Kinn,
und schwarz ist Beider Antlitz.
Sie stellen neben ihm sich hin,
und grüßen ihn beim Namen:
Freund Skyllodimos, guten Tag !
Seid mir gegrüßt, ihr Wandrer !
Wie aber wißt, o Fremde, ihr,
daß ich mich Dimos nenne ?
Wir bringen einen Gruß dir mit
von dem geliebten Bruder. –
Wie kamt, o Wandrer, ihr dazu,
zu sehen meinen Bruder ?
Wir sahen in Janina ihn,
in enger Haft gefangen:
Die Händ' in Schellen eingezwängt,
und Fesseln an den Füßen.
Und Skyllodimog weinte laut,
war im Begriff zu fliehen.
Wo willst du, lieber Bruder, hin ?
wo willst du hin, o Führer ?
Dein Bruder, Spyros, steht vor dir;
komm, daß er dich umarme !
Und Skyllodiin erkannt ihn jetzt,
und schloß ihn in die Arme;
Und herzlich, küssten beide sich
die Augen und die Lippen.
Und Skyllodimos fragte nun
den Bruder aus und sagte:
Setz', lieber süßer Bruder, dich,
erzähle mir umständlich,
Wie aus der Albaneser Hand

du glücklick dich gerettet.
Nachts macht' ich meine Hände frei,
und sprengte meine Fesseln,
Zerbrach das Eisengitter dann,
sprang in den Sumpf hinunter,
Fand einen kleinen Fischerkahn,
und fuhr den See hinüber.
Vorgestern floh ich aus der Stadt,
und eilte nach den Bergen.


## XIII. Befreiung der Gattin des Liakas

O sagt mir doch, welch Unglück hat
   Liakas Weib befallen ?
Fünf Albaneser halten sie,
   zehn stellen sie zur Rede:
Willst du dich nicht vermählen, Weib ?
   nicht einen Türken nehmen ?
Viel lieber seh' von meinem Blut
   die Erd' id rings sich röthen.
Als einzuwilligen, dass mir
   ein Türk die Augen küsse.
Sieh ! es erblickt von steiler Höh'
   Liatas seine Gattin.
Da naht er seinem Rappen sich,
   und spricht zu ihm ganz leise:
Sag', kannst du, Rappe, kannst du mir
   erretten deine Herrin ?
Ich kann es, Herr, und habe Muth
   zu retten meine Herrin;
Nur daß sie künftig, eingedenk
   des Diensts, mein Futter mehre.
Und flugs enteilt der Rapp' und trägt
   Liakas Weib nach Hause.

## XIV. Stergios

Laßt alle Pässe türkisch sein,
  und drin Albaner lauern;
Noch ist am Leben Stergios
  und trotzet allen Paschen.
So lang es auf den Bergen schneit,
  gehorchet keinem Türken !
Kommt, schlaget euern Wohnsitz auf
  da wo die Wölfe hausen !
In Städten und auf Ebenen
  wohnt Sklaventrotz bei Türken;
Bahnlose Wüsteneien sind
  Des Palikaren Städte:
Eh als mit Türken wollen wir
mit wilden Thieren leben.


Z w e i t e r   S a a l


## 1. Das Nest im hohlen Baume

Sei du vor mir nicht bange !
Mich hält hier Neugier fest :
Sah ich in meinem Leben
Doch nie ein Vogelnest.

Wie weich du es gewebet,
Wie klug du es verwahrt !
Hört' ich nicht deine Stimme,
Nie hätt' ich es gewahrt

Wie viele sie und ruhig
Hier bei einander ruhn !
Ein Unmensch nur könnt ihnen
Etwas zu Leide thun.

Sie haben keine Federn,
Sie deckt nur zarter Flaum;
Wie seidner Flor durchsichtig,
Verhüllt die Haut er kaum.

Ja, es gewahrt mein Auge
Der zarten Adern Gang.
O deck' sie mit den Flügeln !
Sie sind vor Kälte lang.

Wie sie sich an einander,
Zu wärmen sich, geschmiegt !
Wie, andre nicht zu stören,
Gin jedes reglos liegt.

Von nun bring' ich, o Mutter,
Zu kehren jeder Noth,
(Mein schwarzes ess' ich selber)
Dir täglich weißes Brot.

## 2. Der Maikäfer

Halt mir's zu gut, o Mädchen,
Hat dich mein Fluch erschreckt !
Natur hat diesen Morgen
Zum Dasein mich geweckt.

Und, wie du weisst, sie stellte
Der Tage Ziel nicht weit;

Eh' als der Summer endet
Sich meine Lebenszeit.

Hab' Nachsicht denn, o Mädchen,
Tumml' ich vor Lust ja mich
Wie sinnlos in den Lüften,
Und groll' im Flug an Dich !

Denn sollt ich, nicht genießen
Die Spanne Zeit, die karg
Natur mir zugemessen,
Nicht wahr, das wär zu arg?

## 3. Die Insel

Mich däucht, ich sah dich größer,
O Insel, dich als jetzt,
Die in des Golfes Mitte
Wie eine Nixe sitzt,

Und beut das blumenschmucke
Gelös'te grüne Haar
Dem schmeichelnden Getändel
Der Silberwellen dar.

Du irrest nicht, o Mädchen,
Zur Hälfte fast verschlang
Mich der drei letzten Winter
Graunvoller Eisesgang.

Ursprünglich eines Felsen,
Der in der Tiefe lag,
Lang ungesehne Tochter,
Kam ich zulegt an Tag.

Des Schlamms und Kieses Massen
Vermehrten jährlich sich,
In sanftes Grün gekleidet,
Enthob der Flut ich mich.

Von beiden Ufern tönte
Mir Beifallsrufen zu,
Nicht selten kamen Gäste,
Und pflegten hier der Ruh.

Man nannte mich die schöne,
Denn solchen Überfluß
An Blumen sah man nirgends,
Dem Aug' ein Hochgenuß.

Doch nichts ist, Kind, von Dauer !
So schnell als ich entsprang,
Werd' ich zerstört, und ahne
Schon meinen Untergang.

## 4. Der Westwind

Was bist du, leise Regung
Der Luft, gelinder Wind ?
Neugierig sind wir Mädchen,
So viel wir unser sind.

Ich bin, o Kind, der Odem
Der liebenden Natur,
Bald Hauch, bald Wort, bald Stimme,
Doch Engeln hörbar nur.

Es ist das Ohr des Menschen
Nicht zart genug gebaut,
Ihr Wort zu hören oder
Des sanften Liedes Laut.

Nur ihren Hauch fühlt milde
Ihr eure Wang' umfahn
Bei Früh- und Spätroth oder
Sobald Gewitter nahn.

Vernimm des Liedes Worte,
Das sie am Morgen singt,
Wenn sich die frühe Sonne
Der Meeresflut entringt.

Erwacht, des Waldes Thiere,
Wacht, Wiesenblumen, auf !
Seht, schon beginnt die Sonne
Den segensreichen Lauf.

Gott schuf euch, Kinder, alle
Zu fröhlichem Genuß
Der Lebensschätze, spendet
Sie euch im Überfluß.

Eu'r Tagwerk ist genießen;
Der Mensch, der ein Verbot
Des Herrn einst übertreten,
Erringt durch Schweiß sein Brot.

## 5. An die Natur

Natur, bei jedem Schritte
Zwingst zur Bewundrung du !

Du theilest jedem Wesen
Ihm eigne Gaben zu.


Müd sah sich fast mein Auge
An einem Schmetterling.
Schön wie du bist, bist etwa
Im bunten Fingerring.

Im stolzen Halsgeschmeide,
Im Haarschmuck der Natur
Der schönste du der Steine,
Ihr theurer Dianur * ?

Kein anderer Bewohner
Im ganzen Luftrevier
Mißt sich an zartem Baue,
An Farbenschmelz mit dir.

Ich sprach's, da rauschte plötzlich,
Fast streifend an mein Ohr,
Vom nahestehenden Busche
Ein Zwitterbild hervor.

Nicht Schmetterling, nicht
Biene, schien beiden es verwandt;
Kaum sah ich seine Flügel,
Doch war's im Flug gewandt,

Gewandter noch als beide
Trotz seinem Panzerhemd,
Das doch der Glieder Schnelle
Wahrscheinlich etwas hemmt.

Denn reich ist es an Buckeln,
An Edelsteinen reich.
Da kam von selbst mir zwischen
Euch beiden ein Vergleich:

Du, Schmetterling erscheinest
Wie eine Gondel mir,
Dem Sonnenstrahl entfaltend
Der blanken Segel Zier;

Dein Gegenmann — als eine
Fregatte ersten Rangs,
Die grad' die Flut durchschneidet
Unaufhaltbaren Gangs.

* Name des schönsten Diamants des
Schachs von Persien

## 6. Der Sturm

Du liebst mich nicht, o Mädchen
Nennst oft mich Sturm statt Wind,
Bist mir nur dann gewogen,
Umsäusl' ich dich gelind.

Gerecht in tausend Fällen,
Täuscht Vorurtheil dich hier.
Nicht nur als Wind, als Sturme
Gebührt noch Beifall mir.

Herrscht überall schon Dürre,
Seid ihr vor Mißwachs bang,
Und seufzet ihr nach Regen
Vergeblich Tage lang;

Wer kommt euch dann zu Hülfe?
Ist's nicht der böse Sturm,
Deß Toben beugt den Eichwald,
Und zittern lehrt den Thurm ?

Wild treib' des Meeres Nebel
Ich in die Luft empor,
Ball' ihn zu dichten Wolken,
Und bild' ein ganzes Chor.

Mit Hast und Eile dränge,
Hoch ob dem dunkeln Meer,
Wie eine Lämmerheerde,
Ich sie dann vor mir her ;

Jag' die halsstarr'gen Rosse
(Zorn brüllt in ihrer Brust,
Und Loh entsprüht den Nüstern)
Mit oder ohne Luft.

Sind wir an's Land gekommen,
Da nimmt, auf meinen Wink,
Das Heer, rings seine Stellung;
Dann tönt mein Machtwort: Sink !

Und ohne Zögern löset
Es sich in Regen auf;
Ich, höhrer Macht mich fügend,
Nehm' einen andern Lauf.

## 7. An das Morgenroth

Wie lieblich ist dein Schimmer,
O frühes Morgenroth !

Kaum dringt er in mein Zimmer,
Steh' ich dir zu Gebot.

Im Nu entschwebt vom Auge
Der Schlaf in's Reich, der Nacht,
Und wonnetrunken hänget
Mein Blick an deiner Pracht.

O mitleidswerthe Reiche,
Trotz euerm Überfluß,
Wie viele von euch kennen
Nicht diesen Hochgenuß !

Nicht alles, wie ihr wähnet,
Ist zu erstehn für Gold:
Natur gibt ihre Schätze
Uns Armen als Entgelt.

## 8. An einen Blitzableiter

Du nimmst es, hohe Stange,
Dreist mit dem Himmel auf ?
Erkühnst dich vorzuschreiben
Dem Blitze seinen Lauf ?

Ist nicht dein Unternehmen,
Vermessen, zu gewagt ?
Wie soll nicht Unfall treffen,
Die alles überragt ?

Blitz ist der Sohn der Wolke,
Doch ich des Menschen Kind,
Dem alle Stoff' allmählig
Anheimgestellet sind.

Jahrtausende bestehet
Auf Erden schon sein Thron,
Jahrtausende gehorchen
Ihm alle Meere schon.

Das Feuer ist sein Sklave,
Zu jedem Dienst bereit;
Nur das des Blitzes trotzte
Noch der Botmäßigkeit.

Auch ihn zu unterjochen
Schickt jetzt der Mensch sich an,
Bricht mittels dieses Sieges
Zum Reich der Luft sich Bahn.

Auch das wird einst erobert,
Sammt seiner Stürme Schaar,
Und bietet neue Wege
Dem kühnen Sieger dar.

Er baut dann leicht're Schiffe,
Versetzt mit klugem Sinn
Sie in das Meer der Lüfte,
Fliegt nach Gelust darin.

Hoch ob der Erde Städten,
Der Erde Bergen weg,
Entdeckt vielleicht zum Monde
Sogar noch einen Weg.

## 9. Auf einen jungen Affen

Wie fühllos doch zuweilen
Sich zeigt des Menschen Herz !

Für nichts, für gar nichts achtet
Der Mitgeschöpfe Schmerz !

Der liebevollen Mutter
Raubt er dich, armes Thier,
Und zwingt dich, jung und schwächlich,
Zu Sklavendiensten hier;

Indeß in Indiens Wäldern
Am heimathlichen Fluß
Die Sippschaft goldne Tage
Verlebt im Überfluß.

Fern, dir zum mindsten täglich
Zu reichen karges Brot,
Mußt du den Trägen nähren
Und steuern seiner Noth.

Mich ärgert das Gelächter,
Das schallend dich umringt,
Wenn er dich, wider Willen
Und müd', zu tanzen zwingt.

Gern theil ich mit Dir, Dulder,
Das Brot der Dürftigkeit;
Doch, wär' ich reich, ich gäbe
Dem Wüthrich keinen Deut.

## 10. Der Jäger

'S ist doch ein frohes Leben,
'S ist doch ein glücklich Loos,
Die Tage lang in Wäldern,
Die Nacht auf weichem Moos !

Ihr alle in den Städten
Seid vor dem Bären bang,
Für den verwegnen Jäger
Ist dies ein Herrenfang.

Zur Gems empor zu klimmen,
Vergeht euch wohl die Lust;
Der Alp' eiskalter Odem
Schnürt euch die zarte Brust.

Und hab' ich im Verfolgen
Mich nun zu weit gewagt,
Steh' rückkehrlos am Schlunde,
Wo Tod an Knochen nagt.

Des mir Vorangegangnen,
Der, sich zu retten, sprang
Auf gegenstehende Felsen,
Ein Sprung, der ihm mißlang;

Nicht ritzt ihr wohl die zarten
Fußsohle bis auf's Blut,
Und wagt's dem nachzuspringen,
Der bei den Todten ruht?

Und doch ein frohes Leben
Nenn' ich's, ein glücklich Loos,
Des Tage im Wald auf Bergen,
Des Nachts auf Schnee und Moos.

## 11. Der Seemann

Schön ist des Seemanns Leben !
(Ihr könnt auf's Wort mir traun)

Ihr mögt, von welcher Seite
Ihr wollet, es beschaun.

Da werft ihr ohne Zögern
Den Sturm mir in's Gesicht.
Ich, der ihn kenn, ich sage:
Ihm fehlt's an Reizen nicht.

Der Mensch, der Zwerg aus Lehme,
Kämpft mit dem Riesen Meer,
Und vor dem Zwerge strecket
Der Riese das Gewehr.

Nichts achtet ihr das Schreiten
Des Schiffs von Höh' zu Höh'
Mit einem Zwischentritte
Bis auf den Grund der See?

Für Weichlinge, für Feige
Mag dies kein Schauspiel sein;
Doch was flößt starken Seelen
Mehr Selbstgefühl wohl ein?

Hier lernt der Mensch erst deuten
Der Worte tiefen Sinn:
Die neugeschaffne Erde
Gab Gott dem Menschen hin.

## 12.

O sage, liebe Mutter,
Was soll dort, rechter Hand,
Die schöne goldone Sichel
Am blauen Himmelsrand?

Der liebe Gott durchwandelt
Des Nachts die Himmelsflur,
Und schöne Blumen sprießen
Aus seiner Füße Spur.

Hier groß, dort klein, hier einzeln,
Dort gruppenweis gepaart,
Sind all' an Farbenschmelze
Sie wunderbarer Art.

Nun mit der goldnen Sichel
Mäht, eh' der Tag erscheint,
Die Nacht die Blumen, welche
Zu Garben sie vereint.

Und mit der reichen Beute
Tritt sie in Gottes Haus,
Und streut von Saal zu Saale
Sie auf das Estrich aus.

Und Wohlgeruch erfüllet
Den ungeheuren Bau;
Und strömt durch alle Thore
In's weite Himmelsblau.

## 13. Das Insekt

Hast, um dich nur zu zeigen,
Du dich hieher gemacht,
O winz'ger holder Käfer,
Lebendiger Smaragd?

Der Mensch, in Gottes Schöpfung,
Steht immer, wo er steh;

An einer uferlosen
Und wundervollen See.

Inmitte zwischen zween
Unendlichkeiten sehn
Wir ihn umsonst nach beider
Endpunkten rastlos spähn.

Hier reiht sich, stets sich steigernd,
Unendlich- Großes hin,
Indeß Unendlich- Kleines
Entschlüpft dort seinem Sinn.

Sein neues Aug' entdeckte
Ein neues Sternenheer,
Im eignen Blut gewahret
Ein neues Thierreich er.

## 14. An einen Sig

Sei mir gegrüßt, Bewohner
Der klaren Newa- Fluth,
Die allen andern Strömen
Du vorzuziehn geruht !

Bist du im Wasserreiche
Vielleicht ein Kriegesheld,
Und ziehst mit den Genossen
Zu heißem Kampf in's Feld ?

Oh, wie die blanken Schuppen
Des Panzerhemdes glühn !
Bei jeder Schwenkung scheinen
Ihm Blitze zu entsprühn.

Des Hauptes edle Formen,
Des Rumpfes Kraftgestalt
Verkünden kühnes Trotzen,
Ausdauernde Gewalt.

Oh, wie entschlüpft so eilig
Du mir, prachtvoller Fisch !
Ich bin ja arm, und sehe
Dich nie auf meinem Tisch.

## 15. Der Hase

Wie ? Du verläßt das Dickicht ?
Kommst an des Waldes Saum ?
Ja, machst vor mir ein Männchen
Im freien Feldesraum ?

Der Mensch hat dich verleumdet,
Als feig er dich genannt.
Natürlich, daß du flohest,
Hielt er sein Rohr gespannt.

Er selber flieht nicht selten,
Wenn ihm in heißer Schlacht
Des Feindes furchtbar donnernd
Geschütz entgegenkracht.

Vor mir, der Waffenlosen,
Bist du, ich seh' s, nicht bang;
Siehst mich, das Köpfchen wendend,
Aufmerksam an und lang.

Nicht länger soll der Vorwurf
Der Feigheit auf dir ruhn:

Ich will, die Schmach zu tilgen,
Mein Möglichstes jetzt thun.

Beharr' in dieser Stellung
Ein Weilchen du vor mir,
Bis ich genau, wie möglich,
Ein Bild gemacht von dir.

Darunter schreib' ich: Zeichnung
Nach und in der Natur;
Dann wage mir es einer
Dich anzutasten nur !

## 16. Der Hase.

Ich will auch mit der Feder,
Nicht mit dem Stift allein,
Dein Bildnis jetzt entwerfen,
Geliebtes Häselein.

Mir kam dein niedlich Köpfchen,
Dein langes spitzes Ohr,
So wunderlieblich sind sie,
Selbst noch im Traume vor.

Mir däucht dein röthlich Pelzchen
So weich wie Hermelin
Und es stets rein zu halten
Steht Tag und Nacht dein Sinn.

Man sieht es, wenn mit zartem
Behendem Läufchen du
Bald Aug, bald Schnauze wischest
Ohn' Unterlaß und Ruh.

Dürft aus den Waldbewohnern
Ich wählen zwei für mich,
Ich wählte nebst dem Eichhorn
Gewiß, o Häschen, dich.

## 17.

Ihr sanget all', o Vögel,
So laut und froh im Mai,
Als ob Natur ein einz'ger
Vollstimm'ger Chor nur sei.

Jetzt nach der Sonnenwende
Scheint all' ihr mir verstummt,
Nun horch' ich selbst der Grille,
Die nah' im Grase summt.

Geliebtes Kind, ein jedes
Geschäft hat seine Zeit:
Wir, die im Mai gesungen,
Sind stumm jetzt nah und weit.

Entkrochen sind die Jungen
Dem Ei, das sie verschloß;
Nun gilt es, sie zu nähren
Hier in des Nestes Schooß;

Bis Federn sie bekleiden,
Bis sie, zum Flug gestählt,
Und fremder Hülf entwachsen,
Hinausgehn in die Welt.

## 18.

Bei Gott ! ich bin so arm nicht
Als ich so oft gewähnt;
Mir bangt vielmehr, daß Reichthum
Mich noch zuletzt verwöhnt.

Kaum hab' ich auf mein Tischchen
Die Schaale Milch gestellt,
Seht, welch ein Schwarm von
Gästen Sich flugs zu mir gesellt !

Nicht fünf nicht zehn, nein, fünfzig
Sind schon zum Mahl bereit;
Ja, es geschieht nicht selten,
Daß sich erhebt ein Streit.

So speisen wir zusammen,
Was mir der Tag beschert,
Und freuen uns des Mahles,
Das heiter wir verzehrt. . .

Was lachst und spottest meiner
Du, aufgeblasner Thor ?
Und thust, als komme dir ich
Wie eine Närrin vor ?

Wahr ist's, es sind nur Fliegen,
Die kommen zum Besuch.
Hälst Menschen du für besser?
Mach' einmal den Versuch.

Sag aus, es sei dein Reichthum
Dahin, und du reist arm.

Flugs fiehest du verschwinden
Der Gäst' und Schmeichler Schwarm

Gerad' wie meine Fliegen:
Kaum ist die Schaale leer,
So flieget aus einander
Der satten Gäste Heer.

## 19. Der Knabe und der Rabe

*Der Knabe*

Was krähst du mich, o Rabe,
Wie auf mich zürnend, an ?
Hat mein Vorübergehen
Dir was zu Leid gethan ?

*Der Rabe*

O nicht doch, sagen wollte
Ich dir, daß jetzt, im Mai,
Ich mich, gleich andern Vögeln,
Herzinniglich erfreu.

Sieh, hier auf Fichtenzweigen
Schwebt meiner Jungen Nest;
Entschlüpfen sie den Eiern
O Mensch, was für ein Fest !

Denn nichts gleicht Mutterliebe,
Sie trotzet Frost und Wind:
O merke, Mensch, dir dieses,
Und sei ein dankbar Kind !

## 20. Die zwei Schwalben

Sag, Schwester, die an Größe
Und Herrlichkeit gewohnt,
Jetzt unter Einem Dache
Mit dem Monarchen wohnt,

Die seine Prunkgemächer
Durchflieget ungestört,
Und alles, was dort vorgeht,
Tagtäglich sieht und hört,

Erzähl' mir, unerfahrnen
Bewohnerin der Flur,
Von des Palastes Wonnen,
Denn Wonne herrscht da nur.

Oh, Schwester ! Kronen haben
Ihr drückendes Gewicht.
Wie gern entflöhn oft ihnen
Die größten Herrscher nicht !

D r i t t e r   S a a l

## 1. Das Nest

In allen deinen Werken
Wie bist, o Gott, du groß !
Hier seh' drei Vogeleier
Ich in des Nestes Schooß.

Wie künstlich ist's gebauet
Aus Gras und Lehm und Vließ.
Nicht ungleich meiner Wiege,
Die Noth veräußern hieß.

Hier ruht unausgebildet,
Dem Leben nahe, ihr,
In minder als zwei Monden
Des blauen Äthers Zier.

Ich trete weg, die Mutter
Kommt ängstlich schon zurück:
Denn Hungers halb verließ sie
Euch einen Augenblick.

Sie sieht nach allen Seiten,
Ob nirgends droh' Gefahr,
Durchspäht den ganzen Himmel,
Ob nicht sich zeig' ein Aar.

Denn Aar ist auch ein Sperber
Für euer zart Geschlecht;
Dann erst setzt sie behutsam
Im Neste sich zurecht.

Und deckt euch mit den Flügeln,
Hüllt allerseits euch ein.
Besorgt kann keine Amme
So um den Säugling sein.

Es kommt doch nichts auf Erden
Im Thier- und Menschenreich
Der namenlosen Liebe
Des Mutterherzens gleich !

## 2. Die Blume an das Kind

Bleib' auf dem Gartenwege,
Den man bestreut mit Sand !

Zieh' in dich unsre Düfte,
Schau' unser Prachtgewand;

Verweil' in unsrer Nähe
So lang es dir beliebt;
Doch laß uns harmlos leben
Bis uns die Zeit zerstiebt !

Auch wir, so viel im Kreise
Dein Auge hier erblickt,
Wir waren ehmals Menschen,
Und mancher hochbeglückt.

Sieh dort die holde Rose !
Sie war einst Königin,
Beherrschte Land und Leute
Mit weisem, mildem Sinn.

Die Lilie, die so sittsam
Und anspruchlos dort blüht,
Sie war ein frommes Mädchen,
Stets wohlzuthun bemüht.

Schau dort die dunkle Blume,
Sie nennt sich Eisenhut !
Einst schützte sie als Ritter
Des Landes Ehr' und Gut.

Und jene Kaiserkrone
War, wie ihr Nam' es sagt,
Einst ein berühmter Kaiser,
An den kein Feind sich wagt.

Ich, wie du siehst, ein Veilchen
Und dies Vergißmeinnicht,

Wir waren Schäfermädchen,
Zufrieden, froh und schlicht.

### 3. Der Regenbogen

O Mutter, sag' was glänzet
So hell an jenem Ort?
Sind's Bänder ? Schön're sah ich
Am Maibaum nicht als dort !

Es ist die Himmelsstiege,
Auf der nur Engel gehn;
Die schicket unser Herrgott
Auf Erden nachzusehn.

Sie kommen ihrer viele
In mannigfacher Tracht,
Es läßt sich nichts vergleichen
Mit ihrer Flügel Pracht.

Sie kommen und erforschen,
Ob jede Frucht gedeiht;
Ob alle Menschen leben In
Ein-und Frömmigkeit.

Ob alle, Reich' und Arme,
Erfüllen ihre Pflicht;
Ob Kinder ihren Eltern
Gehorchen oder nicht.

Und so geschah's zuweilen,
Daß, wo die Stiege stand,
Ein frommes Kind ein Näpfchen
Aus reinem Golde fand.

Denn alle guten Thaten
Empfangen ihren Lohn,
Nicht nur bei Gott im Himmel,
Oft selbst auf Erden schon.

## 4. Die zwei Rothkehlchen

Es lebt in Nachbarbüschen
Der heimatlichen Flur
Ein sanftes Paar Rothkehlchen
Nur sich und der Natur.

Entzückt begrüßten beide,
Selbst unterm Druck der Noth,
Sie jede Morgenröthe
Und jedes Abendroth.

Sie theilten jedes Leiden,
Sie theilten jedes Glück,
Oft schienen sie versunken
Eins in des andern Blick-

Eins und das andre wünschte
Nicht mehr als es besaß:
Sie sehn in ihrem Bunde
Der Freuden höchstes Maaß.

Da schoß ein Jägerknabe
Die eine Freundin lahm.
Sie starb. Lebt wohl, Glück, Freuden !
Die andre starb vor Gram.

## 5. Die Seemuschel

Was stehst du, Kind, betroffen
Bei meinem Anblick da,
Wie einer, der ein Wunder
Mit wachen Augen sah ? —

Ich kann es nicht begreifen,
Unschätzbarer Fund !
Daß so sehr Schönes wohne
Im tiefen Meeresgrund.

Ein unwillkührlich Lächeln
Zwingst, Knabe, du mir ab,
Wie weit von andern Muscheln
Steh' ich an Schönheit ab !

Und wenn schon einer Muschel
Gestalt dir so gefällt,
Wie würdest du erstaunen Im
Schooß der Wasserwelt !

Da sähst du meilenlange
Korallenwälder blühn;
Wie üppig ihr Gezweige !
Wie zart der Rinde Grün !

Was sag' ich grün ! ihr leihet
Geheime Zaubermacht
Zahllose Farbenstufen,
Des Regenbogens Pracht.

Du wirst am Meeresboden,
O Kind, nicht satt sich schaun:
Hier siehst du Thal und Hügel,
Dort Fruchtfeld, Gärten, Aun.

Tritt näher, du erblickest Gras,
Blumen, Busch und Kraut,
Hier zum Entzücken, während
Dir dort vor andern graut.

Doch Grotten sind, ja, Grotten
Des Meeres höchster Ruhm.
Hier treten wir in eine;
Sieh überall dich um !

Was siehst du mir, o Knabe,
Wie fragend in's Gesicht?
Stehn unter freiem Himmel,
O sprich, wir hier denn nicht ?

Die Decke und die Wände,
Der Boden selbst ist blau,
So klar, ja noch viel klarer
Als selbst des Himmels Blau !

Sie heißt die blaue Grotte
Im ganzen Wasserreich,
Und nichts kömmt ihr an Menge
Und Pracht der Muscheln gleich.

## 6. Traum (Kinderträume)

Ich ging auf unsere Wiese,
Und pflückte Blümelein;
Da kam ein Kind gegangen,
Das hatte Flügelein.

Die waren blau wie Veilchen
Mit einem goldnen Rand;
Milchfärbig war sein Kleidchen,
Und um die Brust ein Band.

Es sprach: Willst du, ich flechte
Dir einen Kranz in's Haar ?
Ich lächelte und reichte
Die schönsten Blumen dar.

Sobald er nahm die Blümchen
Zu flechten mir den Kranz,
Da hatten augenblicklich
Sie zwiefach schönern Glanz.

Der schöne Kranz war fertig,
Er flocht ihn mir in's Haar,
Macht noch zwei andre Kränze,
Und reichet sie mir dar.

Der Kranz auf deinen Köpfchen
Steht dir, o Kind, recht fein;
Mußt nun auch recht gehorsam
Und fromm und artig sein.

Jetzt lebe wohl ! ich habe
Noch einen weiten Weg.

Er dehnte seine Flüglein,
War aus den Augen weg !

## 7. Traum (Kinderträume)

Ich saß auf fremder Wiese,
Ich hör', daß jemand ruft,
Ich schau' und schau, da nahet
Das Englein aus der Luft.

Ich streckte beide Hände
Verlangend nach, ihm hin;
Da schloß mich in die Arme
Er herzlich und ich ihn.

Er setzt sich zu mir nieder
In's harte Wiesengras;
Bang war mir für sein Kleidchen,
Die Stelle schien mir naß.

Sei du für mich nicht bange,
Mir klebt kein Unrath an:
Bin ja nicht von der Erde,
Gehör' dem Himmel an.

Doch du, o Kind, bewahre,
So lang du lebst, dich rein,
So führen wir nach Jahren
Dich in den Himmel ein.

O sag' mir, lieber Engel,
Wie sieht der Himmel aus?
Man sieht wohl, selbst in Städten,
Nicht ein so schönes Haus ?

Mir, der im Himmel wohnet,
Wird, liebes Kind, es schwer,
Den Himmel zu beschreiben,
So wunderschön ist er.

Stell' euern blauen Himmel,
Ohn' allen Dunst jedoch,
Und klarer, sanfter, größer,
Wohl zehnfach größer noch,

Dir als die hohe Decke
Ein's seiner Zimmer vor,
Auf goldnen Wänden ruhend;
Und dann der Engel Chor

Zum Klang von Geig und Harfen,
Mit Golde reich, geschmückt,
Hold Gott ein Loblied singend,
Das Herz und Ohr entzückt;

So hast du von dem Himmel
Zum wenigsten ein Bild,
Das bis zu reifern Jahren
Doch deine Neugier stillt.

## 8. Traum (Kinderträume)

Auf eines kühnen Vorbergs
Scharf abgeschnittnem Rand,
Worunter grad zur Tiefe
Sich senkt die Felsenwand,

Lag bebend ich, nicht wissend,
Wie ich gekommen war,

Und nur an den Gedanken
Gefesselt der Gefahr.

Jetzt hör' zu größerm Schrecken
Tief unten ich das Meer,
Und wie das Ufer stürmet
Sein wildes Wogenheer.

Ich raffte, um zu fliehen,
Mich auf; da glitt mein Fuß.
Ich fühl', es fehlt die Erde,
Fühl, daß ich sterben muß.

Da faßt mich stark und lüftend,
Ein liebevoller Arm;
Mein starres Blut strömt pochend
Zum Herzen wieder warm.

Erholt von meinem Schrecken,
Seh' ahnend ich, empor;
Mein Engel war's, der rettend
Dem Tode kam zuvor.

Ich sah nicht Meer nicht Wogen,
Die brüllend mich umschreckt;
Es war, als hielt ein Schleier
Sie meinem Aug verdeckt.

Fern sah ich unsre Wiese,
Das väterliche Dach;

Stets ihnen nähernd, senkten
Den Flug wir nach und nach.

Nun sah ich dich, o Mutter,
Und rufe laut dir zu.
Da floh mein Traum; das Frühroth
Verscheucht die Morgenruh.

### 9. Traum (Kinderträume)

Heiß brannte mir die Sonne
Das unbeschützte Haupt.
Sollst in den Wald wohl gehen,
Wie ist er dicht belaubt !

Ich trat in seine Kühle,
Erging mich da nach Lust,
Wie gierig trank des Waldes
Gedüft die matte Brust !

Ich irr' von Strauch zu Strauche,
Mit Beeren reich verseh'n;
Doch hatt' ich mich verirret,
Eh' ich es mich verseh'n.

Lang forscht ich nach dem Pfade,
Ging vorwärts, ging zurück;
Verlor'ne Müh', es zeiget kein
Pfad sich meinem Blick.

Da fang' ich an zu weinen,
Verwünsch' mitunter auch
Des tück'schen Waldes Kühle
Und jeden Beerenstrauch.

Das Weinen und Verwünschen,
Sie blieben ohne Frucht.
Da fing ich an zu beten,
Ließ so nichts unversucht.

Nicht lange währt's, da sahe
Von weitem ich ein Kind,
In einem weißen Kleidchen,
Das ging ja so geschwind,

Als ob es Flügel hätte,
Und als ich's später sah,
Da hatt' es wirklich Flügel,
Die hielt's dem Leibe nah.

Als wir zusammentrafen,
Sprach's: Du hast dich verirrt;
Komm, folg', bis ich dich wieder
Auf deinen Weg geführt.

Ich bot von meinem Vorrath
Ihm Erd- und Himbeer' an;
Es dankte mir mit Lächeln,
Nahm sie jedoch nicht an.

Ich folgt' ihm rasch bald waren
Wir aus dem Wald heraus;
Da sah ich unsre Wiese,
Und bald auch unser Haus.

## 10. Die zwei Fischchen

O arme, arme Fischchen !
So lieblich von Gestalt !

Herrscht überall auf Erden
Denn Mordsucht und Gewalt ?

Ich sehe hier am Ufer
Zwei junge Fische ruhn,
Sie treu zu malen hätte
Ein Maler viel zu thun.

Wie wunderschön des schlanken
Und rüst'gen Körpers Bau !
Die Unterseite Silber,
Der Rücken schillernd Blau;

Das große Aug' in Ringe
Von reinem Gold gefaßt,
Im Tode selbst der Kiefer
Opalglanz nicht erblaßt.

O weinen möcht' ich, Fischchen,
So geht es mir an's Herz,
Daß überall mein Auge
Nur Elend sieht und Schmerz.

Euch fing derselbe Taucher,
Ihr tragt der Zähne Spur,
Die Beute zu verschlingen
Fehlt es an Zeit ihm nur.

Gefangen war die Mutter,
Rief: Kinder, rettet euch !
Ihr könnet noch entschlüpfen,
Lebt wohl im Wasserreich !

Es morden mich zwei Menschen,
Nach kurzer Sklaverei,

Der Ein' aus Geiz, der Andre
Aus Stolz und Schwelgerei.

## 11. Das Nest

In des uralten Baumes
Geborst'ne Rinde baust
Das Nest du deiner Jungen,
Und harmlos singend schaust

Der Saatenfelder Wogen
Und Fluß und Wald du an;
Indessen wächst verborgen
Die zarte Brut heran.

So baut auf Prachtruinen
Bildreicher Marmorschicht
Der Römer seine Hütte
Die er aus Binsen flicht.

Sein Weib, ihr Kind im Arm,
In sorgenloser Ruh
Sieht des erbosten Flusses
Schaumreichem Sturze zu.

## 12. Blätter aus dem Buche des Lebens

Erstes Blatt

Entsage mir, o Jüngling,
Nimm nicht dem Greis sein Kind !
Wer soll ihn künftig führen
Und trösten ? Er ist blind.

Ich, glaub' an deine Liebe;
Bei dir fänd' ich mein Glück;
Doch sehnte sich die Tochter
Zum Vater stets zurück.

Erwähle theurer Jüngling,
Ein andres Mädchen dir,
Und laß mich das erfüllen
Was Gott selbst heischt von mir !

Erflehen will vom Himmel
Ich täglich dir Gedeihn:
Nicht ewig währt das Leben,
Und dort bin ich ja dein.

## 13.

Zweites Blatt

Ein lebend Bild der Tugend,
Ein greiser Krieger ringt
Mit Noth in kalter Hütte,
Die ihm an's Leben dringt.

In dieses Elend stürzte
Ein Neider ihn herab;
Jetzt beut sich ihm noch Rache
Auf seinem Weg zum Grab.

Ich könnte, wollt ich Rache,
Mich rächen jetzt an dir:
Gerecht wär' meine Rache,
Denn durch dich leid' ich hier —

Doch nöthig ist dein Wissen,
Dein Arm dem Vaterland,
Es hemmt mir Heimathsliebe
Der Rach' erhobne Hand.

Leb' zu des Landes Wohle,
Entreiß es der Gefahr !
Selbst dir nicht fluchend, bringe
Ich mich zum Opfer dar.

## 14.

Drittes Blatt

Blut der Erschlagenen klebet
An meiner Mörderfaust;
Wind scheint mir Gottes Stimme,
Wenn er im Walde braust.

O Herr ! wär' Rückkehr möglich
Von meiner Gräuel Bahn ?
Wie froh war ich als Knabe,
Der noch kein Leid gethan !

## 15.

Viertes Blatt

Weil krank du oder ältlich,
Warf man dich, armes Thier,
Dem Frost dich und dem Hunger
Preis gebend, aus der Thür !

Vergessen hat der Eigner,
Daß jung du ihn ergetzt,

Und später Haus und Habe
Ihm wahrtest unverletzt.

Komm, komm in unsre Hütte,
Der Armuth Aufenthalt !
Sie schützt, o Thier, zum mindsten
Vor Noth dich und Gewalt.

## 16.

Fünftes Blatt

Erfüllen wird aus Tugend
Sie einer Gattin Pflicht;
Doch, ist's um sie geschehen,
Sie steht dem Grame nicht.

Der Jüngling, den sie liebet,
War mir selbst früher gram:
Es wird die Welt mich loben,
Wenn ich die Perl' ihm nahm.

Nicht er, doch sie, die arme;
Flößt Mitleid jetzt mir ein:
Zwar lieb' ich sie von Herzen,
Doch mag sein Weib sie sein !

## 17.

Sechstes Blatt

In lichten Flammen brannte
Ein niedrig Halmendach.
«O Gott, mein Kind !» Der Mutter
Läuft mitleidsvoll er nach.

«Bleib, Weib ! sonst seid ihr beide
Der wilden Flamme Raub.»
Er stürzt sich in die Hütte.
Da saß das Kind im Staub.

Es staunt und freuet lachend
Sich ob der Flamme Tanz,
Es streckt die zarten Händlein
Zu fangen all den Glanz.

Nur so viel Zeit vergönnet
Des Kindes glücklich Loos:
Er rafft es auf, macht eilend
Ein spannweit Fenster los;

Ruft den Umsteh'nden: «Nehmet !»
Und reicht das Kind hinaus.
Kaum ist's geborgen, stürzet
Mit Krachen ein das Haus.

**18.**

Siebentes Blatt

Laß deine guten Thaten,
O Mensch, dich nicht gereun !
Es schreibt sie all' ein Engel
Mit goldner Feder ein.

Du siehst im Buch des Lebens,
Langst du im Himmel an,
Was du im Strahl des Tages
Und in Geheim gethan.

63

## 19. Der junge Savoyard
   ## an sein Murmelthier

Verlassen wir auf Jahre
Das heimische Gebirg,
Und wandern durch der Ebne
Gastfreundlichen Bezirk !

Du tanzest und ich singe,
So steuernd unsrer Noth;
Ergötzt durch unsre Künste,
Reicht man uns Geld und Brot.

Haushaltend mit dem Gelde,
G'nügt uns geschenkte Kost
Und jedes Dach, das gastfrei
Vor Regen schützt und Frost.

Vermögen eine Orgel
Wir gar noch zu ersteh'n,
Auch nicht ein Tag wird ohne
Gewinn uns dann entgeh'n.

Weß Herz blieb' ungerühret,
Weß Mitleid unerwacht,
Bei deinem Tanz, der Orgel,
Des Lieds vereinter Macht ?

Sie füllen uns die Hände
Mit blanker Münze dann,
Näh'n dir und mir ein Jäckchen,
Ich werd' ein reicher Mann.

So kehren wir dann beide
Zum väterlichen Haus,

Und schütten vor den Nachbarn
Den schweren Beutel aus;

Erbauen uns ein Hüttchen,
Das nur ein Garten trennt
Vom Vaterdach, und hören,
Wie Alles reich uns nennt.

## 20. N....... B........

Und frech wirfst mir du, Franke,
Dies Hohnwort in's Gesicht,
Nicht ahnend auf des Korsen
Gemüth sein Bleigewicht ?

Nur deines Meerschiffe Nachen
Scheint dir mein Vaterland ?
Wohl gar ein zahmer Affe,
Geführt am Gängelband?

O laß sein Jünglingsalter
Erreichen nur das Kind,
Herz, Geist und Arme stählen,
Ein schwindelndes Gesind

In deinem Volk' erblicken,
Zur Unterjochung reif,
Dem ungestraft die Nüstern
Durchbohrt des Zähmers Reif;

An meinen Siegeswagen
Dich spannen will ich dann;
An Rache statt dich brüstend
Mit mir, ziehst du den Mann,

Der einem Volk' entstammet,
Das dir leibeigen galt;
Frohlockend beugst den Nacken
Du seiner Allgewalt.

## 21. Cimabur *) und Giotto

G. vor einem Stein, worauf er ein Schaf
gezeichnet

Kopf, Rumpf und Füße gleichen
Dem Schäfchen auf ein Haar;
Das Kindlein stell' ich gehend,
Die Mutter sigend dar.

C. mehremal, ungehört, ihm zurufend

He, Knabe ! deine Heerde
Ist schon zur Hälfte fort !
G. endlich sich umsehend
Sie hat nichts zu befürchten:
Mein Hund bewacht sie dort.

C. Was machst du da?

G. Der Schlummer
Befiel mich nach dem Mahl.
Ich sah im Traum Marien
Und Jesus allzumal.

Mit einem Schäfchen spielend,
Trug froh er Gras ihm zu;
Auf einem Baumstamm sitzend,
Sah still die Mutter zu.

Ich seh' sie all' im Steine:
Das Schaf hab' ich heraus;
Das Köpfchen auch des Kindes,
Deß Haare weich und kraus.

C. Doch scheint für deine Hände
Mir gar zu hart der Stein.
Zu Hause hab' ich weichen
Und weiß wie Elfenbein.

Wie meinst du, wär's nicht besser,
Wenn unter warmem Dach
Bei mir du wohntest, sicher
Vor allem Ungemach?

G. Ja wohl ! hab' ja nicht Vater,
Nicht Mutter; bin allein ;
Doch zög' erst Kind und Mutter
Ich gern noch aus dem Stein !

Thu das ! Ich komme morgen
Nach dir im Wagen her.
G. Nicht wahr, den Stein auch nehmen
Wir dann mit uns, o Herr ?

* Cimabur (Ciambue) war Giottos Lehrer

Vierter Saal

## 1. Die Elementargeister

Die Nixe

Ich saß am Wasser, schaute
Dem Spiel der Fischlein zu;

Da kam sacht aus der Tiefe
Ein Kind grad'auf mich zu.

Es hatte grüne Haare,
Die hingen auf die Brust,
Durchsichtig war sein Kleidchen
Wie Wasser oder Luft.

Es setzt bei mir sich nieder,
Und fängt zu reden an:
Du siehst, o Kind, verwundert,
Beinahe bang mich an.

Ich bin, o Kind, ein Nixchen
Und wohn' im Meeresschooß;
Dort hat mein reicher Vater
Ein wunderschönes Schloß.

Das hat krystallne Mauern,
Durchsichtig grad wie Glas,
Und Säulen von Korallen
Von ungeheuerm Maaß.

Der Säle Decken alle
Sind glänzender Saphir *,
Und Bernstein alle Dielen,
Sie schimmern golden dir.

Rings um das Schloß sind Gärten,
Besät ist jeder Gang
Mit auserlesnen Perlen,
Man ist zu gehn fast bang,

Und was für Blumen, Früchte
Von tausenderlei Art,

Wie lockend für das Auge,
Wie von Geschmack so zart !

Komm, Kind, nach unserm Schlosse,
Gefallen wird's dir dort,
Umsonst sucht auf der Erde
Man einen solchen Ort»

«Laß mich nur Mutter fragen;
Will sie's, ich geh' mit dir.»
«Wir, Nixen, fragen niemand,»
Antwortete es mir.

Und sprang mit einemmale
Lautlachend in die Flut.
Geh du mit Gott, so dacht' ich,
Du bist nicht fromm und gut.

* Wassersaphir

## 2. Der Gnome

Ich ruht auf einem Blocke
Vor einem alten Schloß;
Schon lang war es verfallen,
Die Mauern decke Moos.

Nahbei lag eine Höhle,
Halb hüllt Gebüsch sie ein,
Aus ihr naht sich ein Zwerglein,
Er hüpft auf Einem Bein

Kein Kind war's: Haar, Stirn, Auge
Verrieth, daß alt er war;

Doch war er fröhlich, rüstig
Trotz seinem grauen Haar.

Er zeigt mir Klumpen Silber,
Er zeigt mir Klumpen Gold
Und Edelstein' in Menge,
Und fragt mich dann so hold:

Hast du nicht Lust zu kommen
In mein geräumig Haus?
Du siehst da Dinge, deren
Sich rühmt kein Königshaus.

Der Bau schon meiner Wohnung
Ist anderer Natur,
Da siehst du Spiegelwände,
Reingoldne Decken nur.

Und alles Hausgeräthe,
Ob groß ob klein es sei,
Ist pures Gold und Silber,
Ich hab' mehr Gold als Blei.

Das Sonderbarste mögen
Wohl meine Grotten sein;
So ungeheuer bildet
Sie wohl kein Mensch sich ein.

Da siehst du Berg'und Thäler,
Bach, Brück und Wasserfall;
Hörst unterird'scher Donner
Lang wiederholten Hall.

Da siehst du Menschen, Thiere,
Des Zufalls Gaukelwerk,

Der aus gefallnen Tropfen
Hier modelt einen Zwerg,

Dort einen mächt'gen Riesen,
Der eine Kugel trägt,
Und ein uraltes Weiblein,
Das seine Wolle wägt.

Hast, Kind, du kein Verlangen
Dies alles anzusehn ? —
Ja, lieber Mann ! Doch kann ich
Nicht ohne Mutter gehn.

## 3. Der Sylphe

Ich ruhte, Kühlung athmend,
Auf eines Hügels Stirn.
Die Menge wacher Träume
Durchwallte mein Gehirn.

Da stellt, mich fast erschreckend,
So freundlich es auch war,
Ich sah nicht wie es nahte,
Sich mir ein Wesen dar,

Deß erster Anblick sagte,
Und herrliche Gestalt,
Nicht hier auf Erden habe
Es seinen Aufenthalt.

Zwei Flügel an den Schultern
Von niegesehner Art
Sind mächtige Gehülfen
Ihm wohl auf seiner Fahrt.

Vom Ätherreich zur Erde
Ob uferlosem Meer,
Ob wolkennahen Bergen
Zu uns Armsel'gen her.

Du scheinst mir, Kind, so traurig ?
Auch ist der Menschen Loos
Nicht neidenswerth; selbst derer,
Die ruhn dem Glück im Schooß.

Wie glücklich sind dagegen,
Der Luft Bewohner, wir !
Fremd sind uns alle Leiden,
Womit stets kämpfet ihr.

Die Sonne selbst erblicket
Ihr selten ohne Flor;
All' unsre Tage treten
Klar aus dem Morgenthor.

Sie schmücket stets derselbe
Unsäglich holde Glanz,
Sie nehmen Abends heiter
Vom Haupt den Strahlenkranz.

Des Früh- und Spätroths Hallen
Sind unser Aufenthalt;
Oft tanzen wir im Mondschein
Auf Fluren und am Wald.

Wir trinken Thau aus Rosen,
Und essen Honigseim.
Du hättest, Kind, viel besser
Bei uns es als daheim. —

Ja, hätt' wie ihr ich Flügel,
Aus Neugier würd ich gehn;
Doch unter euch zu leben ? —
Wann würd' ich Mutter sehn ?

## 4. Der Salamander

Mir schien's, ich ging auf Wolken,
Die hoben, Hügeln gleich,
Stets höher sich, und höher
Bis in der Sonne Reich.

Ja, wer beschreiben könnte
Der Sonnenwohnung Glanz
Mit ihren Vollmondskuppeln
Und ihrem Sternenkranz !

Hier reicht mit seiner Sprache
Der Mensch nicht aus; weit eh'r
Erschöpft mit einen Eimer
Er das grundlose Meer.

Auf amethystnen Wänden
Ruhn Decken von Rubin,
Und tausend Demantsäulen
Ziehn durch den Saal sich hin.

In holden Gruppen füllet
Der Feuergeister Zahl,
Die Herrscherin erwartend,
Den ungeheuern Saal.

An Schultern und an Füßen
Regt sich ein Flügelpaar,

Im Flug, traun, übereilen Sie
selbst den schnellsten Aar.

Es lud mich einer freundlich
Hier zu verweilen ein,
Ja gar mich anzusiedeln,
Doch immer sagt ich : Nein.

Ist's sichrer doch auf Erden,
Ist sie gleich minder schön;
Dies Gehen auf den Wolken
Ist ein gefährlich Gehen !

**5.**

Warum mißgönnt mir dieser
Mein anspruchslos Talent,
Und blickt wie spottend jener,
Wenn Dicht'rin man mich nennt ?

Was hab' ich denn auf Erden,
Mich dessen zu erfreun ?
Euch wurden tausend Gaben,
Mir diese nur allein.

Sagt' ich euch nicht: Der Himmel,
Der Rosen Duft verleiht,
Und Bäumen süße Früchte
In Überschwenglichkeit,

Der Nachtigall des Sanges
Anmuth'ge Töne schenkt;
Er ist's, der all mein Denken
Stets nur auf Lieder lenkt ?

Nicht mir gebührt die Ehre,
Gefällt euch mein Gesang:
Wie Vögel singen, singe
Auch ich aus Herzens Drang.

Wie unbewußt die Rose
Verhauchet ihren Duft,
Mit himmlischen Gerüchen
Erfüllet Erd' und Luft;

So schwebt aus Herzens Tiefe
Des Augenblickes Sohn,
Das Lied empor, und tönet
Laut durch die Welt jetzt schon.

Doch ungerecht bleibt immer,
Ihr andern, euer Spott:
Denn wie der Quelle Wasser,
Kommt auch mein Lied von Gott.

Den Wanderer zu stärken,
Den Sommerhitze sengt,
Ruft Gott sie aus der Tiefe,
Wo Feld und Kies sie engt;

Um Leidende zu trösten,
Ruft aus der Seel empor
Er meines Liedes Töne
Ein stärkend Engelchor.

Und bin ich einst entflohen
Den Gränzen eurer Welt,
Wo mich so manches Leiden,
So mancher Gram gequält;

(Mir sagt das eine Ahnung)
Fern mein zu spotten, liest
Theilnehmend mich der Onkel,
Zürnt, daß ihr mich verstießt.

## 6. Das Feuerwerk

Der Mensch mißbraucht zum Unheil,
Was einst der Münch erfand:
Selbst Honig wird zu Gifte
Oft unter seiner Hand.

Sei ruhig, des Entdeckers
Schuldloser Schatten, jetzt,
Da durch vielfarbige Feuer
Dein Fund die Welt ergötzt.

Wie sich die Römerkerze
Auf Augenblicke mischt
Den Reihn der klaren Sterne,
Und knallend dann verlischt !

Welch lichten Farbenregen
Die Räder um sich streun,
Durch immer neue Tinten
Mein staunend Aug' erfreun !

Wie uns geschreckt der Schwärmer
Gezisch, der Schlangenbrut,
Als unverhofft am Boden
Sie fortschnellt ihre Glut !

Seht, wie dort stolzer Schwäne
Unsäglich holde Pracht

Mit blendendweißem Feuer
Erhellt des Teiches Nacht !

O furchtbarschöner Anblick
Des wüthenden Vulkan,
Titanenähnlich schleudert
Er Felsen himmelan !

Des Rheines Nebenbuhler,
O mächt'ger Wasserfall,
Der in des Sturzes Mitte
Theilt seinen Wogenschwall !

Nun hebt sich eine Garbe,
An tausend Ähren reich,
Und wächst, ein wahres Wunder,
Bis in das Himmelreich.

Jetzt hebt aus ihrer Mitte
In namenloser Pracht
Sich klar die Morgensonne
Gerad' um Mitternacht.

## 7. Das Feuerwerk und die Sterne

Das Feuerwerk

Ich habe sie verdunkelt,
Sie ausgelöscht hab' ich !
Sie lassen es wohl bleiben
Mir gleichzustellen sich !

Die Sterne

Zwei Ewigkeiten haben
Vor dir wir nur voraus:
Ein', eh' du warst, und eine,
Seitdem du loschest aus.

## 8.

Wie sorgsam du beschneidest
Der Gartenwege Rand,
Daß ja kein kühnes Gräs'chen
Gewinn' die Oberhand !

Doch die Natur, die ew'ge,
Allmächt'ge Siegerin,
Sieht spöttischlächelnd, Menschen,
Auf eure Arbeit hin.

Und seht ! schon nach Verlaufe
Nur Einer Sommernacht Wiegt
stolz sich ob dem Wege
Schon mancher Aster Pracht.

Natur bleibt immer Herrin;
Trotzt allen Schranken kühn:
Laß ab, O Mensch, vergeblich
Ist alles dein Bemühn.

## 9. Glaube

Der Morgennebel ruhet
Auf Wald und Fluß und Flur,
Mein scharfes Ange siehet
Auf hundert Schritte nur.

Man sagte mir von einem
Unsäglich schönen Schloß;
Man wollte meiner spotten,
Denn Wald ja seh' ich bloß.

Warum soll ich verlieren
Den unnütz weiten Gang
Durch, diese stummen Fluren,
Den öden Fluß entlang ?

Ich geh' zurück und lasse
Die Schlösser Schlösser sein,
Will mit frohsinn'gen Freunden
Der Gegenwart mich freun.

Gut !... Aber von dem Schlosse
Sprach mir ein ernster Greis;
Trug stimmt nicht zu den Haaren,
Wie junger Schnee so weiß.

Auch sagt er mir mit Rührung:
Der Ort ist Gottes Sitz,
Laß dich die Müh' nicht reuen,
Und gib nicht Raum dem Witz !

Es sei ! Ich wag's und gehe
Den einsamöden Weg;
Nicht immer weilt der Nebel,
Bald hebt die Sonn' ihn weg.

Ich ging, mit Zweifeln kämpfte
Beharrlich lang mein Muth;
Kampf stählte Herz und Glieder;
Es klärt sich Wald und Fluth.

Was schimmert in der Ferne
Wie ein umflortes Licht?
Von Schritt zu Schritt wird's heller....
Es log der Greis mir nicht !

Ich seh' des Schlosses Zinnen
Sich zeichnen in der Luft !
Ist mir es doch, als schwämm' ich
In einem Meer von Duft  !

O seht ! der ganze Umriß
Des Schlosses steht vor mir.
Dank des Greises Worten !
O Dank, mein Glaube, dir !

## 10. Die Sterne

Ihr zahlenlosen Sterne,
Des blauen Himmels Zier,
Wozu schuf euch der Ewige?
Sagt, wenn ihr könnt, es mir !

Wir sind die tausend Augen,
O kind, der guten Nacht,
Die über alle Wesen
Zur Zeit der Ruhe wacht.

Den Pfad des späten Wandrers
Erhellet unsre Glut,
Lenkt treu den nächt'gen Segler
Auf unbekannter Flut;

Befördert, kräftigwirkend
Gemeinsam mit dem Thau,

Das Wachsthum aller Pflanzen
Der Regensreichen Au.

Es wartet manche Blume,
Die sich der Sonne schließt,
Auf uns, in deren Strahlen
Sie ihren Duft ergießt.

Den Geist zum Ernste stimmend
Nach lauter Tageslust,
Erzeugen Hochgedanken
Wir in der Menschen Brust.

## 11. Die Feile

Wozu das ewige Feilen?
Man heischet nur, es sei
Der Stoff, den du gewählet,
Schön oder groß, und neu.

Ja, wenn zum Ziel die Mitwelt,
Alltagswelt du dir wählst;
Nicht so, wenn auf den Beifall
Der Folgewelt du zählst.

Sich Griechens, Römerwerke,
Die groß, und jene schön !
Oft kannst im ganzen Baue
Du keine Fuge sehn.

Wie aber froh in ihnen
Die Sonne sich besieht,
Und sie dafür allmählig
Mit Golde überzieht !

Und Römerwerke, manchmal
Ganz ohne Kitt erbaut,
Sie überleben Alles,
Was je dein Aug' geschaut.

## 12. Des Menschen Pläne

Aus fernen Ländern kehrte
Zur Heimat nun ein Mann
Mit Gold und Diamanten,
Die handelnd er gewann.

Fern glühn der Reichsstadt Thürme
Vor ihm im Abendroth.
Hier ess' ich im Gebirge
Mein letztes Abendbrot.

Wie wird sich Alles drängen
Nun um den reichen Mann !
Zehn Jahr sind's, keiner blickte
Den armen Jüngling an.

Im nächsten Monat findet
Die Wahl der Rathsherrn Statt;
Sie wählen mich zum Rathsherrn,
Um's Jahr zum Haupt der Stadt.

Jetzt steigt der reiche Wandrer
In ein anmuthig Thal,
Tritt heiter in die Schenke,
Bestellt sein Abendmahl.

Da schenkt ein schlankes Mädchen,
Das er als Kind gesehn,

Ihm Wein aus blankem Kruge,
Und will dann wieder gehn.

Wie bist du groß geworden,
Und schön, seit ich dich sah !
Zehn Jahre sind's zu Ostern;
Arm war, sehr arm ich da.

Nun bin ich reich geworden
Im fernen Morgenland:
Sag', würdest du mich nehmen,
Böt' ich dir meine Hand ?

Bei diesen Worten wurde
Das Mädchen roth wie Blut.
Hol' Würd' und Amt der Kuckuck !
Hier lebt sich's froh und gut.

Im schönen Thale siedelt
Der reichgewordne Mann,
Fern von der Städte Ränken,
Sich mit dem Mädchen an.

## 13. Meine Wünsche

Ein eignes Halmenhüttchen,
Ein Gärtchen und ein Feld,
Ist alles was ich flehe
Für mich vom Herrn der Welt.

Ihr Großen aller Zeiten,
Homer, Virgil, Shakspear,
Dant', Ariost und Tasso,
Gern wohnet ihr mit mir.

Fern des Gesangs zu spotten
Der schwachen Schülerin, Erhöht
Erhöht durch Rath und Muster
Ihr täglich ihren Sinn.

Vielleicht dringt in den Tempel
Des Ruhms auch sie einst ein,
Erringet sich ein Plätzchen
Im langen Dichterreihn.

Des Lebens Mühn und Sorgen,
Der Fehdungen Gedräng'
Stellt' ich Geduld entgegen,
Wenn dies mir nur gelang'.

## 14. Die Freude

Stellt nur in Rosengarten,
Im Pomeranzenhain,
Auf wasserreichen Ebnen
Der Freuden Schaar sich ein ?

Auch eisbekränzte Höhen,
Aus Felsen aufgethürmt,
Von deren nackten Wänden
Der Stromfall niederstürmt.

Besuchet sie nicht selten,
Und locket aus dem Thal
Den trägen Schwarm der Städter
Zu ihrem Göttermahl.

Gern' folgt' ich ihr, trotz Mühen,
Obgleich ein schwächlich Kind,

Auf Höhn, die der Gewitter
Furchtbare Wiege sind.

In diesem Augenblicke
Noch Kind, sah' ich, sie schon
Im nächsten groß wie Riesen
Laut der Umgegend drohn.

Doch, wenn im Sonnenstrahle
Der Himmel sich verklärt,
Und bis zum Horizonte
Mir freien Blick gewährt;

Dann liegt zu meinen Füßen
So nah das flache Land,
Daß ich's, wenn ich mich bücke,
Berühre mit der Hand.

## 15.

Ohn' Unterlaß einander
Folgt, Meereswellen, ihr
Und brecht am Felsenufer
Euch nacheinander hier.

Nicht Eine kehret wieder,
Nicht Eine bleibet frei
Vom allgemeinen Loose,
Wie groß, wie klein sie sei !

So schwinden wir auf immer,
Sei du Peking's Despot,
Und ich die ärmste Sklavin,
Sobald das Loos gebot.

## 16. Die Milchstraße

Siehst du den weißen Streifen,
Der einer Binde gleicht,
Von einem Himmelsende,
Stets hell, zum andern reicht ?

Ein Steg ist's, eine Straße,
Die sich des Weltalls Herr
Aus Sonnenquadern baute
Im blauen Äthermeer.

In warmen Sommernächten,
Trotz ihrer Heiterkeit,
Siehst donnerloses Blitzen
Du nicht von Zeit zu Zeit ?

Dies ist des hohen Walters
Entfernster Widerschein ;
Ja, mag vielleicht ein Abglanz
Selbst seiner Blicke sein.

## 17. Meine Wünsche

Wohl schaffet Goldpaläste.
Und Zaubergärten sich
Die Phantasie, und kindisch
Ergötz' daran ich mich

Auch schafft sie Bergereihen,
Die heben stufenweis
Sich in den blauen Himmel,
Wald krönt sie oder Eis;

Und in dem weiten Thale,
Das prangt an ihrem Fuß,
Strömt, wohl mit hundert Segeln
Bedeckt, ein breiter Fluß.

Der Ufer Buchten schmücken
Hier Städte, Dörfer dort;
Sie in der Näh' zu sehen,
Flieg' ich von Ort zu Ort.

Nun meint ihr wohl, ich wünsche,
Dies alles wäre mein,
Und da ich's nicht besitze,
Könn' ich nicht glücklich sein ?

Ihr irrt, so weit erstrecken
Sich meine Wünsche nicht;
Sorgt nur, daß dieser Hütte
Es nie an Brot gebricht !

## 18. An die Wolken

Stets komm' zu euch mit
Liebe, O Wolken, ich zurück ;
Einst hing an euch des Kindes,
Und jetzt des Mädchens Blick.

Dem staunensvollen Kinde
War't damals ihr die Welt:
Wie euer ewig Bilden,
Verbilden ihm gefällt !

Das Mädchen, früh an Sorgen
Und Leiden schon gewöhnt,

Fühlt sich durch diesen Wechsel
Mit ihrem Loos versöhnt.

Es wallt die ewige Tugend
Nicht an des Glückes Hand:
Glück ist das Kind der Laune,
Hat ihren Unbestand.

Sieh, wie dort jene Wolke
Gleicht einem Königsaar !
Ich sprach's, und, seht ! die Wolke
Ist nicht mehr, was sie war

## 19. Das Meer und die Ströme

Mit anmuthsvollem Zögern
Seh' ich euch, Ströme, nahn;
Euch däucht, in's Meer zu treten,
Das Ende eurer Bahn.

Der Mensch, der aufgeblasne
Allwisser, sprach euch viel
Von mir, dem Reich des Todes
Und alles Daseins Ziel.

Im Gegentheil, o Kinder !
(So nenn' ich euch mit Fug,
Und was der Mensch euch, sagte,
Ist Unsinn und Betrug.)

Aus meinem Schooße hebet
Der Sonne Allgewalt
Euch in das Reich der Lüfte
Empor in Dunstgestalt.

Dort wandelt vielgestaltig
Ihr euch in Wolken dann,
Und tretet, kühne Segler,
Die weite Luftfahrt an.

Tief unter euch erblicket
Erstaunt ihr allzumal
Das Land, das ihr durchströmet,
Und Hügel, Berg und Thal.

Von mancher Morgenröthe
Gleich Bräuten ausgeschmückt,
Von manchem Sturme fremdem
Gewölke nah gerückt,

Verfolgt im trauten Bunde
Ihr euern hehren Lauf;
Da halten euch auf einmal
Der Erde Gränzen auf.

Berg über Berg gethürmte,
Dem Himmel nahe Höhn
Sind es; vor und ob ihnen
Bleibt ehrfurchtsvoll ihr stehn.

In Flocken oder Regen
Verwandelt ihr euch hier.
In's Thal, am Fuß der Berge,
Gelangt, erstaunet ihr:

Ist's Täuschung, oder sehe
Ich rings dasselbe Land,
Das Thal, dieselbe Stelle,
Wo meine Wiege stand?

## 20.

Es ist mir unerträglich
Zu sehn Geschwister-Streit:
Die meinen nur zu sehen
Ging' ich Gott weiss wie weit

Es leben noch drei Brüder
Und eine Schwester mir,
Doch, ach ! sie leben alle
Jetzt weit, sehr weit von hier.

Wir waren immer einig,
Wir waren immer froh,
Und war auch damals Mangel,
Wir fühlten ihn nicht so.

Nicht Eine Stunde ließen
Sie jemals mich allein,
Erfanden tausend Spiele,
Mich jüngste zu erfreun.

Fast alle Tage lehrten
Sie mich ein neues Lied,
Da war kein Tag, der ohne
Ein Mährchen von mir schied.

Sie waren alle Meister,
Doch ward auf eigne Art
Von jedem Witz und Laune
Dem Mährchenstoff gepaart.

Warum doch mußtest, Schicksal,
Du uns so früh zerstreun ?

Trotz Armuth fänden Mittel
Wir herzlich uns zu freun;

Und nicht säh' ich die Mutter,
Von tiefem Gram erfüllt,
Vom Aug' sich Thränen wischen,
Die sie vor mir verhüllt !

## 21. Genügsamkeit

Laß Habsucht dich nicht blenden,
Entsag' unnützem Tand !
Zu kühne Wünsche führen
An des Verderbens Rand.

Ein dreister wilder Knabe
(Ihm sind die Nixen hold)
Schifft auf des Dniepers Wogen,
Erhellt vom Abendgold.

Bringt, Nixen, aus der Tiefe
Viel schöne Muscheln mir !
Die bring' ich den Gespielen,
Und sie mir Obst dafür.

Die Nixen legen Muscheln
Die Meng' ihm in den Kahn,
Da hob der gier'ge Knabe
Auf's neu zu bitten an:

Holt, Nixen, aus der Tiefe
Viel schöne Perlen mir !
Die geb' ich unsern Mädchen,
Und sie mir Meth dafür.

Die Nixen legen Perlen
Dem Knaben in den Kahn,
Die sind so rund und helle
Als man nur wünschen kann.

Um vieles schon ging tiefer
Im Dnieperstrom das Boot.
Noch gnügt es nicht dem Knaben,
Der Schatz mehr seine Noth.

Von neuem ruft den Nixen,
Den willigen, er zu:
Legt zum bereits Geschenkten
Auch noch Korallen zu !

Korallenschnüre bringen
Wetteifernd sie ihm her,
So viel das Boot nur fasset,
Auch sinkt es mehr und mehr.

Da bittet der Verwöhnte:
O schenkt, wenn ihr mich liebt,
Mir ein Paar Stückchen Ambra,
Der schichtweis euch umgiebt !

Und, unbesonnen, thaten
Auch dies sie ihm zu Dank
Bis, seiner Last erliegend,
Der Nachen untersank.

Fünfter Saal

## 1. An einem Sommermorgen

Nie, nie in meinem Leben
Erblickt' ich einen Tag,
Der so mit allen Reizen
Der Schöpfung vor mir lag !

Wie lächelst, blauer Himmel,
Durch einen goldnen Flor
Durchsichtigen Gewebes
So traulich du hervor !

Und tausend Stimmen rufen
Aus lebensüpp'ger Flur
Mir zu: Genieß, genieße
Die Schätze der Natur !

Nicht zum Entbehren setzte
Dich Gott in seine Welt:
Genieße froh, froh danke
Ihm, der uns all' erhält !

## 2. An einem Wintermorgen

Sagt, wach' ich oder träum'ich ?
Wie ist mir Alles fremd !
Die Welt, sonst so vielfärbig,
Deckt rings ein schneeweiß Hemd !

Zwar prachtvoll ohne Gleichen
Ist dies ihr neu Gewand,
Wohin mein Auge blicket,
Sieht es nur Diamant,

Vermischt mit allem andern
Unschätzbaren Gestein.
Mich schließet ohne Zweifel
Ein Zauberkreis hier ein.

Und dennoch wie natürlich
Ahmt einen Wald dies nach,
Im allerzartsten Laube,
Wie's aus der Knospe brach !

Gleich blieb sich nur des Saales
Reinätherblauer Kranz,
Mit seinem Kronenleuchter,
Nur mit noch stärkerm Glanz.

### 3. Die Grasmücke

Du willst mein Nest besehen ?
Komm, Knabe, komm und schau,
Wie Veilchen es umstehen,
Beperlt mit Himmelsthau !

Nur thu' uns nichts zu Leide,
Nicht mir, nicht meiner Brut,
So nennen wir auch künftig
Stets liebreich dich und gut.

Sieh, wie ich meine Jungen
Mit steter Sorgfalt pfleg' !
Es wär' ja eine Sünde,
Trügst du mir eines weg.

Wie würde deine Mutter,
Riss dich von ihrer Brust

Ein Dieb, ihr Haar zerraufen,
Beim schrecklichen Verlust !

Sind aber meine Jungen
Einst flügg' und folgen mir,
Wir kommen, Kind, und singen
Ein schönes Liedchen dir.

## 4. An meine Freundinnen

Ruft eines Engels Stimme
Mich, Freundinnen, bald ab
Dahin, woher wir kamen,
Und deckt mich schon das Grab;

Gedenkt zuweilen meiner,
Die innig euch geliebt,
Froh mit euch war, und weinte
Mit euch, war't ihr betrübt !

Durchblättert meine Lieder,
Wenn Sorgen euch umreihn,
Sie werden gegen Leiden
Euch Muth und Stärke leihn;

Vertreten meine Stelle,
Die lebend eure Brust
So oft mit Frohsinn füllte
Und unschuldvoller Lust.

So, bricht der Napf, der lange
Bewahrt der Rose Duft;
Erfüllen noch die Scherben
Mit Wohlgeruch die Luft.

## 8. Die Jungen und die Alten

Die Jungen.

Noch der Morgenröthe
Weicht die Dämmrung kaum,
Kreuzen, leichte Böte,
Wir im Wolkenraum;

Spiegeln uns in Bächen,
Spiegeln uns im See,
Schwingen uns aus Flächen
Kühn zur Ätherhöh'.

Die Alten

Während ihr bei Zeiten
Flieht der Eltern Nest,
Tummelt euch im Weiten
Und den Himmel meßt;

Pflegen still wir Alten
Langersehnter Ruh,
Sehen froh dem Walten
Unsrer Kinder zu.

## 6. An meine Hyazinthe

Liebe Hyazinthe,
Blüh' noch einmal mir !
Sieh ! des Mörders Flinte
Zielt ja schon nach mir.

Unerbittlich ist er,
hat kein Menschenherz,

Seine Freuden mißt er
Nur nach fremdem Schmerz.

Blüh, o Blume, blühe
Nur noch einmal mir !
Lohne mir die Mühe,
Die ich zollte dir !

Laß mich nicht, o lasse
Nicht allein mich ziehn !
Gute Blume, lasse
Uns vereint verblühn.

Folge mir zum Grabe,
In mein dunkles Haus !
Meine schönste Habe
Machtest hier du aus.

Laß vereint uns trauern
In des Grabes Nacht,
Bis zu ew'gem Dauern
Weckt uns Gottes Macht !

**7. Sonnenaufgang**

Fleuß !... enttönt dem Gotte,
Der das Weltall schuf:
Und aus schwarzer Grotte
Folgt ein Strom dem Ruf.

Licht und Wärm' und Wonne
Breitet rings er aus:
Du belebst ja, Sonne,
Gottes endlos Haus.

In zehntausend Arme
Theilt am Ätherdom,
Daß die Erd' erwarme,
Sich der goldne Strom.

Und es schlürft die Wellen
Blum' und Gras mit Gier,
Und aus seinen Quellen
Labt sich Mensch und Thier.

Rings ist alles Leben,
Während er verweilt;
Still steht alles Streben,
Wenn der Strom enteilt.

## 8.

Was schielst du mit Verachtung
Mich armes Mädchen an,
Und siehst doch, daß mit Achtung
Mir nahet Jedermann;

Stets nur von deinen Ahnen
Prahlst du uns Bürgern vor:
Wer frägt nach deinen Ahnen,
Der Welt unkund'ger Thor ?

Einst gab ein Troß von Knappen
Und Mannen Glanz und Ruhm;
Jetzt aber sind der Wappen,
Des Faustrechts Zeiten um.

Trag'ich der Hörer Kreisen
Homer's Gesänge vor,

Entzücken Tasso's Weisen
Der mich umsteh'nden Ohr;

Wem kam es je zu Sinne,
Wie groß auch sei die Schaar,
Zu fragen, halt' ich inne:
Ob er von Adel war?

Uns sind sie Himmelssöhne,
Vom Schöpfer selbst geweiht
Zu Königen der Töne
Für alle Ewigkeit.

## 9.

Du schiltst, von ihm verlassen,
Des Glückes Unbestand?
Empfang', o Mensch, gelassen
Dein Loos aus Gottes Hand!

In ries'ger Felsen Mitte
Kommt Indiens Strom zur Welt,
Betritt mit stolzem Schritte
Des Weltmeers endlos Feld.

Doch rollen hoch gleich Thürmen
Des Südens Wogen her,
Nachgiebig weicht den Stürmen,
Und strömt landeinwärts er.

Ein Halbjahr siehst den Gluten
Aurorens du entfliehn,
Und dann ein Halbjahr fluten
Das Meer nach Osten hin;

Vertauscht hat ihren Posten
Die Sonne selbst: geht auf,
Wo einst sie sank, im Osten:
Nicht stets war dies ihr Lauf.

Es stand einst ihre Wiege
Im Westen*: hehr von dort
Erhob sie sich zum Siege,
Und eilt zum Osten fort:

Die Heldin zu empfangen
Sah Indiens Ocean
Man jeden Abend prangen,
Mit Purpur angethan.

Wer hielt das Glück je bändig
von allen Herrn der Welt?
Gott, du nur bist beständig,
Der Erd' und Himmel hält !

* nach Herodot

## 10. An das Morgenroth

Aus dem regen Meere,
Auf der Sonne Bahn,
Gehst mit goldnem Speere
Du dem Zug voran.

Aus dem Schooß der düstern
Nacht stürmt wild heran,
Feuer aus den Nüstern
Sprüh'nd, ihr Viergespann.

Hast du es begleitet
Bis zur Wolkenbahn,

100

Die auf Goldkies leitet
Es nun himmelan,

Bleibst du nach, und siehest
Den Triumphzug an;
Spurlos dann entfliehest
Du im Ocean.

## 11. Sonnenaufgang

Aus des Meeres Dampfe
Steigst du, Sonn', empor,
Deines Zugs Gestampfe
Tönt bis an mein Ohr.

Bis zum Äther strahlet
Deiner Krone Glanz,
Und ihr Abbild malet
Sich im Wolkenkranz.

Kaum hat sich erblicket
Früher Vögel Schaar,
Bringt ihr Chor entzücket
Lauten Gruß dir dar.

Und, wie von Altären,
Hebt von Flur und Strauch,
Sonne, dir zu Ehren
Rings sich Opferrauch.

## 12.

Was werd' ich bald im Himmel
Noch Schöneres denn sehn,

Ist dieser Abendhimmel
Auf Erden schon so schön?

O sehet und bewundert
Der Farbenstufen Meng?
Von Gelb und Grün, wohl hundert
In steigendem Gepräng',

Das in des Äthers Weite
In Lila sich verliert,
Indeß die Morgenseite
Die reinste Bläue ziert!

Durch beide Himmel schweifen
Perlgraue Wolken hin,
Die breite Purpurstreifen
In Wellenform durchziehn.

Und aller, groß- und kleiner
Zart eingekerbten Rand
Schmückt rings, so blank und feiner
Als Gold, ein Franzenband.

## 13.

Der Lieder Quell versieget,
Wenn uns der Herbst enteilt,
Und Tag, von Nacht besieget,
Nur wenig Stunden weilt.

Fern schlägt indeß im Süden
Die Sonn' ihr Prachtzelt auf,
Und ihre Ross' ermüden
Im unermeßnen Lauf.

Der Geist jedoch häuft Schätze
In dieser Zwischenzeit,
Erforscht der Kunst Gesetze,
Und ist zum Bau bereit.

Kaum aber künden Schwalben
Der Sonne Rückkehr an,
Fängst, Quell, du allenthalben
Auf's neu zu strömen an.

So ragt der Herr des Meeres
Auf Islands edlem Strand
Zum Saum des Wolkenheeres
Im blanken Schneegewand !

Gleich einer Mauerkrone,
Umthürmt ihm Frost die Stirn
Mit zack'ger Eiseszone,
Verklärt vom Nordgestirn;

Der jede Nacht entstrahlet
Des Nordlichts Zitterglanz,
Das Regenbogen malet
Auf wilder Wellen Tanz.

Doch kaum thun laue Winde
Des Lenzes Nähe kund,
So rollt die Eisesbinde
In Hekla's tiefen Schlund;

Füllt, schmelzend, seine Klüfte,
Bricht dann auf's neu sich Bahn
Zum Licht, hebt durch die Lüfte
Sich brausend himmelan.

Geschmückt mit allen Farben,
Beseelt von Allgewalt,
In ungeheurer Garben
Anmuthiger Gestalt !

## 14. Am 11. Dezember

Wie zum Sarggebälke
Kurzer Erdenpracht,
Thürmt sich, schwarz,
Gewölke, Wandelt Tag in Nacht.

Ueber ihm, umschlungen
Von der Liebe Band,
Beide Dämmerungen
Reichen sich die Hand.

Bis zu ihnen ränge
Gern mein Blick empor,
Doch kein Adler dränge
Durch der Wolken Flor,

Gegen Sonnenstrahlen
Kämpft ihr eh'rner Schild,
Hindert sie zu mahlen
Uns ihr flüchtig Bild.

Doch bald naht das Ende
Dieser Gegenwehr,
Und die Sonnenweide
Führt den Frühling her.

Schon mit goldnem Stabe
Naht, vorangesandt,

Hoffnung jedem Grabe,
Wo ein Glück uns schwand.

Und gleich Schmetterlingen
In erneuter Pracht
Schwebt's auf holden Schwingen
Aus dem Schooß der Nacht.

Vor den Bildern weilet
Froh die Phantasie,
Da kommt Lenz geeilet,
Und belebet sie.

## 15.

Furchtbar, Mutter-Erde,
Wie Gewitter sind,
Naht der Tod, ich werde
Ihm zum Raub, dein Kind !

Wehre seiner Hippe,
Halt ihn von mir ab !
Laß nicht das Gerippe
Schleppen mich in's Grab !

Laß auf deinen Knieen
Wie bisher mich ruhn !
Mach' das Scheusal fliehen !
Was hat's hier zu thun ?

Schützen kann dich Arme
Nicht mein Muttersinn,
Streckt die Knochenarme
Wild nach dir er hin.

Ihr, und ich nicht minder,
Stehn ihm zu Gebot,
Seit eins meiner Kinder
That, was Gott verbot.

Mensch, Gewürm und Eichen
Sind ihm einerlei:
Alles sinkt den Streichen
Seiner Tyrannei.

Doch auf dieses schränket
Seine Macht sich ein.
Jedem Wesen schenket
Gott ein neues Sein.

Einem Reich der Liebe,
Einem Reich der Ruh'
Führt durch seine Liebe
Blind der Tod uns zu.

In ein Land voll Wonnen
Siehst du dich versetzt,
Wo dich andrer Sonnen
Mildres Licht ergötzt.

Wo dem Geist, statt Wähnen,
Klares Wissen quillt,
Wo sich jedes Sehnen
Deines Herzens stillt.

Sechster Saal

## 1. Wiegenlied

Schließe, frommes Kindlein,
Schließ die Äuglein zu !
Und in warmen Windlein
Finde sanfte Ruh !

Ruhig sei dein Schlummer
Wie des Huhns im Ei !
Schrecken, Lärm und Kummer
Geh' dir fern vorbei !

Oder soll in Träumen
Hinfliehn deine Ruh,
Send' aus Himmelsräumen
Sie dein Geist dir zu !

Dich, im Paradiese,
Kühl' ein Rosenstamm,
Weil auf Veilchenwiese
Gras't ein frommes Lamm.

Seines Vließes Wellen
Gleichen Perlenschaum,
Der betret'nen Stellen
Spur gewahrt man kaum.

Und ein sammetweicher
Ring schmückt ihm den Hals,
Schön- und farbenreicher
Als ein Taubenhals ....

Siehst du jene Laube
Glänzen von Jasmin ?
Und die weiße Taube,
Die dein harrt darin ?

Wunderlieblich girrend
Kreis't sie um sich her;
Käfer flattern schwirrend
In die Kreuz und Quer ....

Horch ! von Weitem schallet
Hoher Engel Sang,
Und begleitend hallet
Goldner Saiten Klang.

Immer mehr dem Orte
Nähert sich das Chor,
Deutlich hört die Worte
Des Gesangs dein Ohr:

Ihr, so sanft wie Tauben
Und wie Lämmer fromm,
Naht des Himmels Lauben
Und des Lebens Strom !

## 2. Kinderlied an die Nachtigall

Bleibe hier und singe
Liebe Nachtigall !
Dein Gesang erklinge
Schmetternd überall !

Flur und Waldung lauschet,
Alles hört dir zu,

Nicht ein Blättchen rauschet,
Bleiben all' in Nuh.

Dich bewundernd schweiget
Rings der Vögel Chor,
Seinen Höhn entsteiget 's
Eichhorn, wird ganz Ohr.

Hör' ich recht, so brauset
Minder jetzt der Bach;
Da hier Stille hauset,
Läßt sein Toben nach.

Bleibe hier und singe,
Liebe Nachtigall !
Dein Gesang erklinge
Schmetternd überall !

### 3. Kinderlied an den Abendstern

Schweb' empor am Himmel,
Schöner Abendstern !
Sieht im Glanzgewimmel
Jeder dich ja gern.

Gehn sie auf, gehn nieder
Sie am Himmelsrand,
Keinen deiner Brüder
Schmückt ein solch Gewand.

Ihr's scheint an den Kanten
Leicht mit Gold beklebt,
Dein's aus Diamanten
Durch und durch gewebt.

Steht auch dir zur Seiten
Oft des Mondes Pracht,
Strahlst du doch bei Weiten
Hehrer durch die Nacht.

Ihm leiht fremde Helle
Seinen Perlenkranz,
Voll aus eigner Quelle
Strömt dein Sonnenglanz.

Schweb' empor am Himmel,
Schöner Abendstern !
Sieht im Glanzgewimmel
Jeder dich ja gern.

## 4. Kinderlied an die Rose

Blühe, Rose, blühe,
Blumenkönigin !
Und der Sommer fliehe,
Eh' du welkst, dahin !

Prangst auf grauem Moose
Du wie Milch und Blut,
Gleichet dir, o Rose,
Kaum die Morgenglut.

Könnt euch, Lenzeskinder,
Ich dem Tod entziehn;
Traun, ich liess noch minder,
Rose, dich verblühn.

Doch dieselbe Hippe
Mähet al' euch ab,

Tulpen und Gestrippe
Faßt dasselbe Grab.

Blüh' denn, Rose,
blühe, Blumenkönigin !
Und der Sommer fliehe,
Eh' du welkst, dahin !

## 5. Kinderlied an die Sonne

Kaum betrittst, o Sonne,
Du des Himmels Raum,
Küssen wir voll Wonne
Deines Kleides Saum.

O wie steht so holde
Dir das Prachtgewand !
Ganz aus purem Golde
Macht' es Gottes Hand.

Und an allen Kanten
Hat er noch zuletzt
Es mit Diamanten
Überreich besetzt.

Weilt, dich zu betrachten,
Auf dir unser Blick,
Fängt's ihm an zu nachten,
Blind kommt er zurück.

Wie, im Engelkreise,
Strahlst du selbst, o Herr,
Schickst auf diese Weise
Du die Sonne her.

## 6. Das Kind und der Baum

### Das Kind

O hohe, hohe Tanne !
Du wolkenhoher Baum,
Deß Wipfel eine Spanne
Nur trennt vom Himmelsraum !

Sag', hast du nie gehöret
Der Engelein Gesang ?
Und hast du ihn gehöret,
Sag' mir, was jeder sang !

### Der Baum

Wie soll ich ihn nicht hören?
Sie schweben täglich ja,
Und ohne sich zu stören,
Um mich, wie du so nah.

### I.

Erst gestern war's, da schwebte
Ein Engel ob der Au,
Die Kinderspiel belebte,
Und sang, ich hört's genau.

Spielet, Kinder, spielet !
Gott selbst sieht das gern.
Liebt einander, liebet !
Zwist sei von euch fern !

Was euch Ältern sagen,
Thut's geschwind und froh !

Nie hör' man sie klagen:
Ihr seid wild und roh.

Sie, die lang schon leben,
Wissen was euch nützt,
Und sind euch gegeben,
Daß ihr Rath euch schützt.

## II.

Vor ungefähr zehn Tagen
Sah Einer aus der Höh'
Ein Kind sein Hündlein plagen,
Da rief er dreimal: Weh !

Bist so jung und quälest
Dieses arme Thier,
Das du selbst erwählest,
Daß es spiel' mit dir !

Schmerz, wie du, empfindet
Nicht dies Thier allein:
Wo sich Leben findet,
Stellt auch, Schmerz sich ein.

Weh euch, wenn ihr plaget
Selbst das kleinste Thier !
Gott hört, wenn's ihm klaget
Eure Ungebühr.

## III.

Ich hab' es nicht vergessen,
Doch ist es lange her.

Ein Greis, der nichts gegessen,
Kam ganz verweint hieher.

Ein Kind sprach, zu dem Greise:
Was weinst du, lieber Mann ?
Ach, Kind ! So seufzt er leise,
Weiß nicht wo aus wo an !

Ich bin, es sind zwei Tage,
Selbst ohn' ein Stückchen Brot.
O Hunger, welche Plage !
Nur Gott kennt meine Noth.

Nimm, nimm und iß ! ich gebe
Es dir von Herzen gern.
Kommt, fehlt dir Brot, ich gebe
Dir meins, und wohn' nicht fern.

Des Engels Flügel rauschte,
Als er der Höh' entstieg;
Das Kind, als ob es lauschte,
Stand regungslos und schwieg.

Willst du Gott gefallen,
Lindre fremde Noth !
Gott belohnt vor allen,
Wer vertheilt sein Brot.

Wohlthun, liebe Jugend,
Präg' es tief dir ein,
Ist die größte Tugend,
Führt zum Himmel ein.

## 7.

Gestehe mir, ich bitte,
Ist deine Lebensart,
Die Oede dieser Hütte
Mit Unmuth nie gepaart ?

An diese Lebensweise
Von Kindheit an gewöhnt,
Hat mich Natur, die weise,
Mit Überdruß verschont.

Obwohl in goldnen Hallen
Stets strahlt der Freude Licht ?
Ob wohl des Jubels Schallen
Nie Angstschrei unterbricht ?

Die Nachtigallen singen
Stets auf demselben Baum,
Bis sie Gefahren zwingen
Zu flüchten aus dem Raum.

Im sonnigen Hesperien
Ruhn weich sie auf Jasmin,
Im eisigen Siberien
In düstrer Tannen Grün;

Sie freuen sich auf beiden
Im Schooß der Blumenwelt,
Verträumen Freud' und Leiden
Im grünen Reisezelt.

## 8. Des Sängers Schätze

Aus euern Bienenzellen
Kommt, Städter, kommt heraus !
Willkommene Gesellen
Kommt in mein räumig Haus !

Gebirg und Thal und Wälder,
Die Gegend rings ist mein;
Dem Teppich meiner Felder
Kann Königen ich leihn.

Seht meine blanken Spiegel
Dort an der Marmorwand!
Traun, eingeprägt ihr Siegel
Hat rings der Größe Hand.

Jetzt schaut mir auch die Decke,
Aus Türkis, des Gemachs !
Und, wenn den Mond ich wecke,
Schaut ihr die Pracht des Dach's.

Nicht nur das Aug, ihr Gäste,
Der Mund auch ward bedacht;
Beseht der Bäume Äste
Mit ihrer Früchte Pracht !

Langt zu mit beiden Händen !
Es strotzt ja Frucht an Frucht;
Und jene Rebgeländen
Krümmt ihrer Trauben Wucht.

Der Anblick eurer Mauern
Schnürt, Freunde, mir das Herz,

Mich faßt ein heimlich Trauern,
Und steigert sich zum Schmerz.

Mir ist nur wohl im Freien,
In meines Gottes Luft,
Wo Vögel mich, verschreien
In meiner Gärten Duft.

Mein Blick hängt am Gewühle
Auf üpp'ger Weiden Schooß,
In meinem Hochgefühle
Schein' ich mir dann so groß.

Seh' Nachts ich das Gestirne
Den Himmelsplan durchgehn,
So däucht mich, meine Stirne
Stößt an die Ätherhöhn.

## 9. Der sterbende Waidmann

Laßt euch den Dienst nicht reuen !
Schon läuft mein Leben ab,
Und gern ruht' ich im Freien,
Bereitet dort mein Grab !

Nie kümmerte das Streben,
Nie mich der Menschen Thun;
Laßt, endet nun mein Leben,
Mich fern von ihnen ruhn.

Kind, Mann — fand im Bereiche
Geliebter Einsamkeit,
Sie komme oder weiche,
Mich jede Jahreszeit.

Froh sah des Lenzes Rosen
Und seine Lerchenschaar —
Froh ich den Winter tosen
Mit eisbehangnem Haar.

Es siedelt sich der Hase
Beim fürchterlichen Mann
Vielleicht im Steppengrase
Dreist mit den Jungen an.

Die Lerch' entschwingt dem Moose,
Das meinen Hügel deckt,
Sich laut zum Ätherschooße,
Wenn sie der Morgen weckt.

Im nahen Sumpfe stöhnet
Der schwermuthsvolle Weih,
Vom fernen Wald her tönet
Das wilde Jagdgeschrei.

So hör' ein Grab' ich leise
Gewohnte Laute doch,
Und bleib' im trauten Kreise
Der Lebensfreunde noch.

Drum laßt es euch nicht reuen,
Läuft nun mein Leben ab,
Begrabet mich im Freien,
Von Stadt und Dorf weit ab !


## 10. Das Kind und die Nixe

Schon auf des Osten Schwelle
Erschien der junge Tag,

So röthet' er die Welle
Des Sees, der vor ihm lag.

Da kam auf Waldespfade,
Gelockt von duftgem Wind,
An's heitre Seegestade
Ein wunderschönes Kind.

Im Waldesschooß erzogen,
Sah nie es einen See,
Das Glänzen seiner Wogen,
Noch eine Wasserfee.

Wie war das Kind betroffen,
Als an des Waldes Rand
Es wider alles Hoffen
Dies alles vor sich fand.

Es kann nicht satt sich sehen
Am wunderschönen See,
Wo kleine Wellen gehen
Und schwimmt die Wasserfee.

Die ruht jetzt, singt am
Strande ein Lied mit frohem Sinn,
Reiht auf dem grauen Sande
Hochfarb'ge Muscheln hin.

Das Kind entzückt vor allen
Der schönen Muscheln Glanz,
Auch findet es Gefallen
An der Najade Kranz.

Den schön umschlingt das holde
Geflecht des grünen Haars

119

Die glühend goldne Dolde
Des zarten Renuphars.

Ihm winkt die Fee zu nahen.
Unschlüssig und wie bang,
Sie möcht' es etwa fahen,
Schleicht es den Strand entlang;

Bleibt mehr als einmal stehen;
Da läßt in jeder Hand
Die Fee ihm Muscheln sehen,
Wie keine auf dem Sand.

Was bist du bang, komm näher !
Ist's doch, als schien' ich dir
Kein weiblich Bild, viel eher
Ein grimmig wildes Thier.

Leg' dein Geschenk drei Schritte
Von dir, und dankesvoll
Nehm' ich's; doch heisch', ich bitte,
Nicht daß ich nahen soll.

Nimm immerhin die Gaben,
Die eine Fee beschert !
Will mehr sie von dir haben,
Thu nicht was sie begehrt !

Gut ist was sie dir schenken,
Nicht wehr' ich den Genuß;
Doch fehlt's auch nicht an Ränken,
Und tödtlich ist ihr Kuß.

Dies sind der Mutter Worte,
Sie wiederholte mir

Sie an so manchem Orte,
Und immer folg' ich ihr.

Laut lachte die Najade,
Und sprach der Mutter Hohn.
Das Kind läßt am Gestade
Die Fee, und läuft davon.

## 11.

Willkommen, junge Rosen,
In eurer Herrlichkeit
Seht Bienenschwärm' euch kosen
In Liebestrunkenheit !

Willkommen, Nachtigallen !
Ich trau' mir selber kaum,
Hör' euer Lied ich schallen,
Hier an des Waldes Saum.

Nichts gleichet eurem Loose !
Des Lenzes höchste Zier,
Seid, Nachtigall und Rose,
Dreimal willkommen mir !

## 12. An eine Lerche

Entsteigst in steten Kreisen
Der Fluren Morgenduft,
Singst dann in kühnen Weisen
In blauer Ätherluft;

Erfüllest Erd' und Himmel
Mit Hochentzücken du,

Und bleibst dann, im Gewimmel
Voll Lebens, selbst in Ruh;

So steigt oft der Gedanke
In meinem Busen auf:
Nah' ich des Himmels Schranke
Nach meinem irdschen Lauf;

Erblick im Glanz der Sonne,
Den lebend ich bekannt,
Quell alles Seins, Ursonne
Im Geisterheer genannt;

Von Himmelswonne trunken
Werd' ich verstummt dann steh'n,
Und, in sein Schau'n versunken,
Wie Opferdunst vergehn !

### 13. Die Schöpfung der Sonne

Über allen Dingen
Ruhet stumm die Nacht
Mit den schwarzen Schwingen,
Nur der Schöpfer wacht.

Da durchtönt sein Rufen:
Licht ! des Chaos Reich;
Und des Thrones Stufen
Röthen sich sogleich.

Und, ein blanker Streifen,
Dehnt sich Dämmerschein,
Faßt, gleich einem Reifen,
Rings das Weltall ein.

Und flohn drei Tage,
Während Gott stets schuf
Haltend Maaß und Waage;
Da erscholl sein Ruf.

Und am Himmelsende
Ballt sich's wie ein Ei,
Anfangs schwarz wie Blende,
Bläulich dann wie Blei;

Geht durch zarte Schatten
In ein klares Weiß,
Dem sich rothe gatten,
Über stufenweis.

Jetzt am obern Rande
Trennt's in Blätter sich
Daß des Eies Kante
Einer Rose glich.

Höher glüht die Farbe,
Die den Kelch belebt,
Bis ihm eine Garbe
Strahlen sich enthebt.

Und dem Strahlenkranze
Folgt der Scheibe Rand,
Bis in vollem Glanze
Sie am Himmel stand,

Gottes schöne Sonne
Und sein Schattenbild,
Sie des Weltalls Wonne,
Allen Wesen mild !

## 14. Abendempfindung

Oft ganze Nachmittage
Horch ich am Waldessaum
Des Kuckuks lauter Klage
Von seinem hohen Baum.

Mein Blick irrt durch der Wiesen
Mit Gold durchwirktes Grün,
Bis wo die blauen Riesen
Im Abendrothe glühn.

Rechts jene Bergesstirnen,
Die, sich Titanen gleich
Gesellend den Gestirnen,
Bedrohn das Ätherreich;

Und dort zu meiner Linken
Der hehre Feuerball,
Der immer wächst im Sinken,
Wie die Lawin' im Fall;

Der Anblick dieser Scene,
Der Landschaft höchste Zier,
Statt Lust, die ich ersehne,
Erweckt nur Wehmuth mir.

Das Sein wird mir zum Traume,
Seh' ich mit Einemmal
Und in demselben Raume
Zwei Bilder von Verfall:

Den Feuerball verschlungen
Hat unheilfroh die Flut,

Und Dämmerungsgrau verdrungen
Des Bergreihns Purpurglut.

Verstummt sind alle Klänge.
Wie todt sind Feld und Wald,
Und Nachtigallgesänge
Und Kuckuksruf verhallt.

Sein Leichentuch, verbreitend,
Sargt Nebel ein die Welt;
Und, trüb am Himmel schreitend,
Hellt Mond das Leichenfeld.

## 15. Der Himmel

Blauer Himmel sonder Gleichen,
Den der Morgenstrahl erhellt,
Alles Schöne muß dir weichen
In der weiten Gotteswelt !

Du bist meines Gottes Auge,
Und die Sonne ist dein Stern;
Daß Gedeihn es euch entsauge,
Deckt das All du nah und fern.

Und verhüllst in Dunkelheiten
Du dich auch von Zeit zu Zeit;
Es geschieht, uns zu bereiten
Übermaaß an Fruchtbarkeit.

Oft betäuben mich die Sorgen,
Wie ein Kreischend Rabenheer,
Und ich seufze: Wo nimmst morgen
Du dein karges Mahl wohl her ?

Doch heb' ich zu dir, o Himmel,
Dann den thränenfeuchten Blick;
Flugs entweicht das Graungetümmel,
Ruhe kehrt in's Herz zurück.

## 16.

Erwach' ich Nachts aus Träumen,
Die Ruh von Qual mir liehn,
Und seh' in Himmelsräumen
Die hellen Sterne ziehn;

So sprech' ich mit Vertrauen:
Nicht ich allein, es wacht
Auch Gott, und heißt mich bauen
Auf seine ew'ge Macht.

In mitternächt'ger Stunde,
Bei klarem Sonnenlicht,
Im tiefsten Erdenschlunde
Verliert mein Blick dich nicht.

In Vaterarmen halte
Ich alles was ich schuf,
Und ungehört vorhallte
Mir keines Wesens Ruf.

## 17.

Das schönste Lied verdanke
Ich oft der Gunst des Glücks:
Schnell naht's wie ein Gedanke,
Ein Kind des Augenblicks.

Es blitzt durch das Gehirne,
Und steht vollendet da,
Wie Pallas man Zeus Stirne
Geharnscht entsteigen sah.

Ein Taucher schießt vom Strande
Hinab zum Meeresgrund,
Hascht eine Schaal' im Sande,
Taucht auf und zeigt den Fund.

Die Menge Volkes sitzet
Auf des Gestades Moos,
Die schönste Perl entblitzet
Der Muschel offnem Schooß.

## 18. Der Krötenstein (Borar)

Quäle und verachte,
Liebes Kind, kein Thier !
Gottes Willen achte,
Der es setzte hier.

Lieblich sind die Kröten
Von Gestalt wohl nicht,
Und doch höchst vonnöthen,
Wie die Sage spricht.

Ihr Gehirn erzeuget
Einen Wunderstein,
Der den Nacken beuget
Selbst der ärgsten Pein.

Hättest aus Versehen
Gift genossen du,

Er benimmt die Wehen,
Lullt den Schreck in Ruh.

## 19.

Du legtest, guter Himmel,
Den Wolkenmantel ab,
Nimm auch noch deinen Schleier,
Den ätherblauen, ab.

Und gönne meinem Blicke,
Der rastlos starrt empor;
Zu sehn auf Augenblicke
In's offne Himmelsthor !

Vielleicht seh' ich die Brüder
Um unsern Vater stehn !
Vielleicht daß sie auch nieder
Auf mich und Mutter sehn !

Es röthe sich, der Morgen,
Es brech' der Abend an,
Wir flehn in Freud und Sorgen,
Wie Heil'ge fast, sie an.

Auch sie vielleicht, im Innern,
Am Quell der Herrlichkeit
Des Himmels noch, erinnern
Sich mein von Zeit zu Zeit.

## 1. An den Frühling

Lenz, sei uns gewogen,
Eile schnell herbei !
Sieh ! der Himmelsbogen
Ist von Wolken frei.
Dopple deine Schritte,
Flügle deinen Lauf,
Schlag' in unsrer Mitte
Deinen Wohnsitz auf !

Sieh ! schon tanzen Bäche
Nach zersprengtem Eis,
Blumen zeugt die Fläche
Rasch auf dem Geheiß,
Schön in grünen Haaren
Harret dein der Wald,
Ihn beseelen Scharen
Lauter Vögel bald.

Rinderherden waten
Fröhlich durch, den Sumpf,
Weil auf grünen Matten
Schaf' umruhn den Stumpf,
Wo ihr Hirt, von Sorgen
Frei, durch Flötenschall
Dich, im Berg' verborgen,
Neckt, o Wiederhall !

Lenz, sei uns gewogen,
Eile schnell herbei !
Sieh ! der Himmelsbogen
Ist von Wolken frei.

Dopple deine Schritte,
Flügle deinen Lauf,
Schlag' in unsrer Mitte
Deinen Wohnsitz auf !

## 2. An den Sommer

Du, des Jahres Fülle,
Du, des Jahres Kranz,
Deiner Blüthenhülle
Kommt nichts gleich an Glanz !

Blüthen in den Haaren,
Blüthenstaat Gewand,
Ruhen Sängerschaaren
Dir auf Haupt und Hand.

Nicht des Jahres Schöne
Nur ward dir zu Theil,
Auch die hehrste Scene,
Furchtbar, doch zum Heil.

Schwarz hebt das Gewitter
Sich aus Meeresschooß,
Laßt aus Wolkengitter
Seine Donner los.

Löwen gleich umbrüllen
Sie den Himmelbrand,
Den mit Loh' sie füllen:
Seht den Wald in Brand !

Jetzt ist es vorüber,
Heiter ist die Luft,

Und nun fließet über
Sie von Ambraduft.

Goldne Ernten ragen.
Sieh ! die Sichel blinkt !
Horch! auf hohem Wagen
Wie der Schnitter singt !

Wer beschreibt die Wonne
Bei dem Erntemahl?
Eine neue Sonne,
Scheint's, erhellt das All.

## 3. An den Herbst

Ruhigere Wonnen
Spendest du, u Herbst !
Milder sind die Sonnen,
Deren Licht du erbst.

Kürzer sind die Tage,
Minder ihre Pracht,
Inne steht die Waage
Zwischen Tag und Nacht

Doch wer zählt die Menge
Deiner Früchte auf ?
Der Behälter Enge
Zwinget zum Verkauf.

Äpfel, Birnen, Beeren
Zehnerlei Geschlechts !
Kann der Hand nicht wehren;
Lange links und rechts.

Namenlos Entzücken
Strömet in die Brust,
Wenn wir rings euch pflücken,
Schlürfen dann nach Lust.

Und die edlen Trauben ?
Und ihr süßer Most ?
Die (dreist könnt ihr's glauben)
Sind der Götter Kost.

## 4. An den Winter

Ernst sind deine Freuden,
Silberhaar'ger Greis !
Auch drängt manches Leiden
Sich wohl in dein Gleis.

Deshalb schmäl're nimmer,
Winter ich dein Lob,
Liebe dich, der immer
Geist und Herz mir hob.

Deine Eisesdecken,
Endlos ausgespannt,
Sah ich Kräfte wecken,
Eh' mir unbekannt.

Du, der Fluthenlähmer,
Läuterst unser Blut;
Du, der Sturmbezähmer,
Stählest unsern Muth.

Was doch gleicht der Wonne,
Wenn auf weiter See

Du im Strahl der Sonne
Furchen ziehst im Schnee ?

Wenn wir, nach Ersteigen
Nachbarlicher Höhn,
Rasch die langen Reigen
Niedergleiten sehn ?

Oder, schon beim Dunkeln
Angebrochner Nacht,
Sehn der Sterne Funkeln
Und des Vollmonds Pracht?

Scheinen ja die Sterne,
Sonst so himmelweit,
Dann von uns nicht ferne
Und zu nahn bereit !

## 5. Saatlied

Liebes Feld, empfange
Was ich dir vertrau' !
In der Monden Gange
Pfleg' es mir genau !

Hilf, daß es gedeihet,
Spend' ihm Saft und Kraft !
Gott gebenedeiet
Was mein Fleiß geschafft.

Laß mich bald die Spitzen
Grüner Halme sehn !
Sie vor Frost zu schützen
Hoff ich durch mein Flehn.

133

Sonnenwärm' und Regen,
Jedes seiner Zeit,
Werden sie dann pflegen
Bis zur Erntezeit.

Wird der Früchte Menge
Recht ergiebig sein,
Will ich Jahreslänge
Dich der Frohn befrein.

## 6. Erntelied

Gredel, Hanne, Michel,
Haltet euch bereit !
Schärfet Sens und Sichel
Jetzt zur Erntezeit !

Morgen vor der Sonne
Ziehen wir hinaus,
Kehren spät mit Wonne
Singend dann nach Haus.

Also währt's zwei Wochen,
Haus und Dorf stehn leer,
Mütter nur zum Kochen
Bleiben hinterher.

So kommt das Getreide
Unter Dach und Fach,
Und auf Feld und Weide
Bleibt dann nichts mehr nach.

Aber dann auch feiern
Wir das Erntemahl,

Singen soll und leiern
Spielmann und Gemahl.

## 7. Ankunft der Zugvögel

Haben wir gehalten,
Menschen, unser Wort?
Eh' sich Halm' entfalten,
All' an Stell' und Ort !

Singen manche Quelle
Aus dem Winterschlaf,
Locken an die Schwelle
Des Gehöft's das Schaf.

Singen Primel, Veilchen,
Auf der Wiese wach,
Bauen auch ein Weilchen
Unser Nest am Dach.

Bald werd' ich im Moose
Singen Tag und Nacht,
Bis die zarte Rose
Aufhüllt ihre Pracht;

Ihrer süßen Düfte
Zauberstoff erneut,
Und auf reger Lüfte
Flügeln ihn zerstreut.

## 8. Abschied der Zugvögel

Graue Wolken fliehen
Hin am Himmelsrand,

Mahnen uns zu ziehen
Heim zum Vaterland.

Dank für alles Gute,
Was ihr uns gegönnt !
Bleibt bei frohem Muthe
Dort nicht unerwähnt.

Ihren Ahnen stellen
Wir die Jungen dar,
Zu den alten Stellen
Kehrend mit dem Jahr;

Siedeln fröhlich wieder
Neben euch uns an,
Singen unsre Lieder
Wald' und Wiesenplan.

## 9. Das Verschwinden der Sterne

Wohin, o Sterne, schwindet
Ihr, wenn ergrünt die Au?
Nicht Einen mehr dann findet
Mein Aug' im Ätherblau.

Kehrt ihr zur Mutter wieder,
Die ihr so lang entbehrt ?
Sinkt an den Busen nieder,
Der euch als Kind ernährt?

Erzählt, wie ihr gezogen
Von Ost nach Westen hin ?
Wie Land und Meereswogen
Ergötzten euerm Sinn?

Und sie, die gute Sonne,
Hört an, was ihr erzählt,
Mit mütterlicher Wonne,
Und lobt was euch gefällt.

Nun könnt ihr hier verweilen
Auf heimatlicher Flur,
Verfolgen ohne Eilen
Der Freuden holde Spur.

Sechs Mond', euch zu Gefallen,
Weich' ich vom Norden nicht:
Entbehrt er eure Strahlen,
Fehlt's ihm doch nicht an Licht.

Beginnt die Flur zu alten,
Dann zieht ihr wieder aus,
Ein jeder zu verwalten
Sein Amt in Gottes Haus.

## 10. Das Wiedererscheinen der Sterne

Willkommen, klare Sterne,
Nach langem Aufenthalt
In unermessner Ferne,
Entrücket mit Gewalt.

Traun, nicht war's euer Wille,
Verließt den Himmel ihr,
Dem in der Nächte Stille
Neun Mond' ihr dient zur Zier.

Wir waren weder näher
Noch ferner als zuvor,

Der Sonne Strahl drang höher
Nur in die Luft empor;

Und wob vor euerm Blicke
Wie einen Flor von Licht,
Warf unsern Glanz zurücke;
So sahet ihr uns nicht.

Auch wir müh'n uns vergeblich,
Die Erd' und euch zu sehn;
Wir sehn die Luft sich neblich
Um alles Irdsche drehn.

Jetzt, da die Sonne nieder
Im Ätherraume Steht,
Erblickt ihr uns auch wieder:
Der Lichtflor ist verweht.

## 11. Skolie

Auf ! ihr Waidgesellen,
Auf ! zur Bärenjagd !
Nahn den Lagerstellen
Wir noch eh' es tagt !

Muth und Vorsicht, Jungen !
Seid auf eurer Hut !
Ist ein Schuß mißlungen,
Kommt der Bär in Wuth.

Dann auf Leben kämpfen
Müßt ihr und auf Tod.
Furcht und Zorn zu dämpfen
Heischet dann die Noth.

Naht mit kaltem Muthe
Dem erbosten Thier !
Mit dem eignen Blute
Zahlt den Sieg oft ihr.

Auf ! ihr Waidgesellen,
Auf ! zur Bárenjagd !
Nahn den Lagerstellen
Wir noch eh' es tagt !

## 12. Skolie

Wonne über Wonne
Beut das Meer mir an,
Scheine warm die Sonne,
Schnaub' Aeol mich an.

Auch reißt kein Vergnügen
Je von ihm mich los,
Stets seht ihr mich pflügen
Seinen blauen Schooß.

Ja, selbst seine Launen
Bin ich schon gewohnt,
Sturm erregt kein Staunen
Mir, den stets er schont.

Bin, des Meer: Geselle,
Ich der Erde Sohn?
Oder Kind der Welle,
Gleich dem Alcyon,

Dessen Wiege schaufelt
Ammengleich die Fluth,

Die er, groß umgaukelt,
Trotzend ihrer Wuth ?

## 13. Skolie

Sein Reich hat hier ein Ende,
Herr Frost mit starrem Sinn !
Glück auf den Weg ! nun wende
Er sich zum Nordpol hin !

Beherrsch' Er Wölf' und Bären,
Sein würdiges Gesind !
Wir werden ihn nicht stören,
Froh daß Ihn los wir sind.

Es mögen dort die Stürme
Ihm heulen Lob und Preis,
Und grause Kälte thürme
Ein Denkmal Ihm von Eis !

Wir huldigen dem Lenze,
Der Busch und Wald belaubt;
Wir flechten Blumenkränze,
Und krönen unser Haupt.

## 14. Skolie

Auf ! auf ! zur Frühlingsfeier,
Jetzt da Natur erwacht,
Und uns im Veilchenschleier
Die Flur entgegenlacht.

Willkommen, klare Bäche,
Die ihr der Erd' entschließt,

Und die beblümte Fläche
Holdschlängelnd sanft durchfließt !

Willkommen, Schaar der Sänger,
Die bang den Winter mied !
Jetzt aber tönt, je länger
Je schöner, rings dein Lied.

In lieblichem Vereine
Ström' unser Sang hervor !
Die ganze Schöpfung scheine
Ein einzig Sängerchor !

## 15. Skolie

Eine Stimme

Wagender Pilote,
Was entwirft dein Muth?
Kühner Pläne Bote
Ist der Augen Gluth.

Der Pilote

Kann unmöglich länger
Weilen um euch her,
Wird mir täglich bänger,
Muß hinaus in's Meer.

Immer keck nach Norden !
Ruft's mir jede Nacht
Keinem ist's geworden,
Dir ist's zugedacht.

Trotzet kühn den Bergen
Eises, die ihr seht,
Nicht bestimmt zu Sorgen
Dem, der widersteht !

Immer gradhin steure
Du dem Nordpol zu,
Bis das ungeheure
Eis dich läßt in Ruh !

Dann in einem Stücke
Ostwärts immerdar !
Bald stellt sich dem Blicke
Behring's Straße dar.

Was noch keinem worden,
Das ist dir beschert,
Der zuerst den Norden
Asiens umfährt.

Chor

Theil heut unsre Freuden !
Morgen folgen wir
Frohen Muth durch Leiden
Und Gefahren dir.

## 16. Skolie

Entschieden hat die Waage,
Um ist die Sommerzeit,
Und, anmuthsvolle Tage,
Ihr fliehet schnell und weit.

So blühten eine Weile
Die holden Rosen nur,
Ein Sturm kam, und in Eile
Entrafft' er sie der Flur.

Vollenden zwanzig Sonnen
Euch, Mädchen, froh ihr Gleis;
Ist eure Zeit zerronnen,
Und ihr welkt stufenweis.

Es fliehet selbst das Leben,
Eh' wir es uns versehn.
Warum ist's uns gegeben,
Soll es so schnell vergehn ?

## 17. Skolie

Was sollen wir uns härmen
Und klagen über Frost !
Kommt, Brüder, laßt uns schwärmen
Und suchen andern Trost !

Versagt die Wintersonne
Und ihr erwärmend Licht,
So fehlt an Wärm' und Wonne
Es uns im Hause nicht.

Des Herdes lichte Lohe
Und dunkelrother Wein,
Traun, werden eine frohe
Entschädigung uns sein.

## 18. Skolie

Nahet euch und trinket !
Seht was vor euch steht,
Und wie Gold euch winket !
Meth ist es, ja Meth !

Die Poeten trügen
Uns durch manch Gedicht;
An den ersten Lügen
Starben, traun, sie nicht.

Wein, so singen alle,
Trinkt die Götterschaar;
Ich, in diesem Falle,
Sag': Es ist nicht wahr.

Wein, ihr Herrn berauschet,
Lähmet Geist und Ohr;
Und ihr singt: Sie lauschet
Froh der Musen Chor.

Meth war's, was sie tranken,
Meth auch, und nur Meth
Paßt zu Zeus Gedanken,
Und Zeus Majestät.

## 19. Skolie

Schlag' des Tages Sorgen
Muthig in den Wind !
Siehst, eh' graut der Morgen,
Dich an Gold halb blind.

Kein Tag gleicht dem andern
Seit der Welt Beginn:
Heiter, dunkel wandern
Ihre Bahn sie hin.

Nimmer stehn sie stille:
Drum, geht's heut mir schlecht,
Macht des Himmels
Wille Morgen alles recht.

## 20. Skolie

Thronen drohen Sorgen,
Ehren Unbestand,
Schätze sind für morgen
Dir kein Unterpfand.

Fliehet alles Große !
Schimmer ist nicht Glück:
Der Natur im Schooße
Ruht mit heiterm Blick !

Sorglos tanzen Nachen
Um die Felsenwand,
Bang vor Stürmen wachen
Schiffe weit vom Strand.

Achter Saal

## 1. Vergangenheit und Gegenwart

Wie in des Meeres Spiegel
Das Bild sich wiederholt
Der schöngeformten Hügel,
An deren Fuß es rollt !

O meiner Kindheit Freude,
Geliebte Wasserwelt,
Die mir mit Lust und Leide
Noch jetzt den Busen schwellt !

Wie sah mit offnem Munde
Aus meines Vaters Kahn
Dorf, Thurm, Schloß, Wald im Grunde
Der Flut ich staunend an !

Noch mehr staunt ich dem Himmel
Den in der tiefsten Tief
Ich sah, wo ein Gewimmel
Von Wolken ihn durchlief.

Stets wie mit Zauberbanden
Zog mir's hinab den Blick;
Doch, eh' die Wunder schwanden,
Zog bang ich, ihn zurück.

O diese Welt der Wunder
Ist nun für mich dahin !
Mein Urtheil ist gesunder
Und richtiger mein Sinn;

Doch stets, o Zauberscenen,
Des Irrthums Götterfrucht,
Werd ich nach euch mich sehnen,
Bedauern eure Flucht !

Des Menschen wahres Leben
Bist du, o Kinderzeit !
Die spätern Jahre weben
Ihm Sorg und Düsterheit.

## 2. Die Vorwelt

Was aus der Vorwelt Reichen
Auf uns gerettet ward,
Sind Schätze sonder Gleichen,
Unnachahmbarer Art.

Stets wirst, o Kunst, den Griechen
Du weichen, trägst ihr Joch,
Jahrtausende schon wichen,
Jahrtausend' weichen noch.

Gesetzt sind sie zum Ziele
Der Kunstvollkommenheit:
Es nah sehn werden viele,
Erreichen keine Zeit.

## 3. Die Mitwelt

Hältst an die Oberfläche
Des Zeitenstroms du dich,
Die zahlt dir nicht die Zeche,
Führt einst nur Schaden mit sich.

Soll deinen Fleiß beschenken
Ein vortheilhafter Fund,
So mußt dein Netz du senken
Bis auf des Stromes Grund.

Dort führt er Gold, führt Steine,
Selbst Demant, wenn ihr wollt,
Die stehn nicht nach an Reine,
Dem, was uns Indien zollt.

## 4. Die Nachwelt

Da steht sie mit der Waage
Partei- und dünkellos,
Und spricht vergangner Tage
Erzeugnissen ihr Loos;

Bedenkt bei Künstlerwerken
Der Kunst damal'gen Stand,
Verschmäht nicht zu bemerken:
Was war, was er erfand;

Wie weit er fortgeschritten
Auf schon gebrochner Bahn,
Wie standhaft er gestritten
Mit seiner Zeiten Wahn;

Ob günstig, ob entgegen
Ihm seine Lage war;
Ob, seines Ruhmes wegen,
Ihm drohete Gefahr;

Heischt nicht von einem Kinde
Und von dem Greis gleich viel,
Deß Aug' umschlang die Binde
Des Tods am Lebensziel.

## 5. Korinthische Säulenordnung

Mehr galt als Hab' und Schätze
Den Eltern Kleogyn;
Sie war der Diener Götze,
Zumeist der Wärterin.

Doch Tod, der herzenslose,
Ist für Gefühle taub,
Er schüttelt kalt die Loose,
Und flieht dann mit dem Raub.

Die schönste Gartenstelle,
Wo Blum' an Blum' umsproß
Der Laube Dämmerhelle,
Umhüllt das Kind mit Moos.

Wie einsam muß im Grabe
Dir, armes Kind, es sein !
Sie legt des Kindes Habe:
Ein Schaf, ein Vögelein,

Ein lautertönend Pfeifchen,
Ein Herzlein, einen Stab
Mit Glöckchen, und zwei Reifchen
In einer Urn' auf's Grab.

Die runde Urne decket,
Ein Stein, breit, viergekant;
Doch unter ihr verstrecket
Die Wurzeln ein Akanth.

Der Winter kam und flohe,
Neu wuchs des Grabes Moos,
Weil dem Akanth das hohe
Und schöne Blatt entsproß.

Die Urne selbst verschwindet,
So hüllt das Laub sie ein
Das kühn empor sich windet
Bis zum vierkant'gen Stein.

Doch dieser, ihre Decke,
Entragt rings ihrem Rand,
Und zwar an jeder Ecke
Die Breite einer Hand.

So zwingt er mehr und minder
Zu krümmen sich das Blatt:
Gleich Locken zarter Kinder
Sinkt's abwärts kraus und glatt.

Es gnügte keine Säule
Dir mehr, o Kallimach !
Du sannst geraume Weile
Auf eine neue nach;

Als einst, nach langem Schwanken,
Dein Blick dies Grab entdeckt,
Das in dir den Gedanken.
Der schönsten Säule weckt.

## 6. An die Musen

O glücklich, wem als Kinde
Der Wiege Flor ihr lüpft,
Und ungesehn die Binde
Der Weih' um's Haupt ihr knüpft !

Wenn auch in armer Hütte
Sein Dasein stumm vergeht;
Nie hört ihr eine Bitte,
Die Reichthum von euch fleht.

Ein Übermaaß von Schätzen
Zeugt ihm die Blumenflur;

Rings um ihn strömt Ergötzen,
Es hemmt die Wahl ihn nur.

Und seines Geistes Hallen
Schmückt mit namloser Pracht
Was je der Welt gefallen,
Was je der Mensch gedacht,

Jedoch die schönste Gabe,
Die ihm das Glück verlieh,
Die Perle seiner Habe
Ist seine Phantasie.

Wie in der Nächte Dunkel
Ein heiterstrahlend Licht
Entströmet dem Karfunkel,
Dem's nie an Glanz gebricht;

So strömt aus vollen Quellen
Sie rastlos Melodien,
Zu denen sich gesellen
Der Sprache Harmonien.

Zur Lust des Volkes treten
Sie mit Gesang in Bund,
Und so zur Nachwelt retten
Sie sich, von Mund zu Mund.

Nie muß ein Tag entfliehen
Ohn' Ausruf heißen Danks,
Wem, Musen, ihr verliehen
Die Gabe des Gesangs !

### 7. Nacht, Schlaf und Tod

Im Mohn- und Veilchenkranze,
Im Mantel von Azur,
Durchwebt mit Sternenglanze,
Thront Nacht ob der Natur.

Ihr ruhn die beiden Söhne,
In deren Antlitz sie
Das Bild sieht eigner Schöne,
Das Haupt gelehnt an's Knie.

In beiden Mutterhänden
Liegt ihr ein Kindesarm,
Sie kann sein Aug' verwenden,
Ihr Blick spricht Lust und Harm.

Des Einen lautes Träumen
Zwingt ihr ein Lächeln ab,
Um bald den Platz zu räumen
Gedanken an das Grab.

So schwebt beim Sternenflimmer
Ihr Blick von Sohn zu Sohn.
Jetzt zeigt der erste Schimmer
Der Dämmerung sich schon.

Den einen weckt mit Fächeln
Sie leis um Stirn und Kinn,
Entläßt mit sanftem Lächeln
Und holdem Kosen ihn.

Stumm (eine Thräne füllte
Ihr Aug) küßt' jetzt sie Hand,

Stirn, Mund dem andern, hüllte
Ihn ein, ächzt' und verschwand.

## 8. Die Titanen

Zwar grausenhaft vergangen
Hast du am Vater dich;
Und was dein Sohn begangen,
Zeugt: Frevel räche sich.

Doch hieltst du das Versprechen,
Das Titan du gethan,
Und, traun, nicht dein Verbrechen
Vereitelte den Plan.

Wir wollen nicht die Bälle
Herrschsücht'ger Weiber sein;
Verstopft des Haders Quelle,
Nichts soll uns mehr entzwein.

Die erste unsrer Sorgen
Sei Kronos Wiederkehr !
Von Erd' und Hölle borgen
Wir was nur frommt zur Wehr.

Er lerne vorerst zittern,
Eh' er den Thron besteigt,
Lern' was es heißt: erbittern
Die, so Uran gezeugt.

Noch heut steh' Speer und Rüstung
Und Lanz und Pfeil bereit,
Ein Krieg sei's der Verwüstung,
Den endet keine Zeit.

Laßt höhnend auf den Scheiteln
Ihn des Olympus stehn,
Bald sieht er uns vereiteln
Den Vortheil dieser Höhn.

Seht wie, euch zu bestürmen
In euerm neuen Reich,
Wir Berg' auf Berge thürmen,
Und überragen euch;

Und wie wir alles wagen:
Du weißt nicht, junge Schaar,
Wie sich Titanen schlagen,
Und trotzen der Gefahr.

Ja, wär' es euch gelungen,
Des Siegs euch zu erfreun;
Eh' Hades uns verschlungen,
Könnt ihr nicht sicher sein.

## 9. Prometheus

Von deiner Himmelshöhe,
Jetzt sorgenlos im Glück,
Schaust du des Gegners Wehe
Mit früher Rache Blick.

Fest schlug an das Gesteine
Mich deiner Knechte Trotz,
Kein Bein naht sich dem Beine,
Kein Arm ringt je sich los.

Jetzt kannst du angstlos sitzen
Auf dem geraubten Thron,

Umringt von deinen Blitzen,
Die seufzend stählt dein Sohn.

Jedoch so hart gekettet
Ich an die Felsenwand,
So weich du dir gebettet
Im neuen Königsstand;

In Einem vor mir neigen
Muß doch sich Kronos Sohn:
Mein Elend kann nicht steigen,
Doch fallen kann dein Thron.

Und fallen wirst, Kronide, *
So sicher du, als fiel
Der schlaue Uranide, **
Als Moiren *** es gefiel.

Preis gabst du Geiern, Schmerzen
Und Regen mich und Sturm,
Dir nag' indeß am Herzen
Nie rastend *dieser* Wurm.

Es endet meine Buße
Der Tag erst des Verfalls,
Doch, nach des Schicksals Schlusse,
Bin Zeug' ich deines Falls.

Dann steigen beide nieder
Wir in den Schooß der Nacht,
Wo alle meine Brüder
Dein Scherge jetzt bewacht.

Entthronte und Entthroner,
Versöhnt durch gleiches Loos,

155

Ruhn, friedliche Bewohner,
Wir dann in Hades Schooß.

Die Zeit, o Zeus, entwindet
Den Stab der Majestät,
Du und dein Stamm verschwindet,
Mein Menschenstamm besteht.

* Jupiter. ** Saturn. *** Die Schicksalsgöttin.

## 10. Jupiters Erziehung

Wo Ida's breiter Rücken
In langer Neigen Zug
Beginnt sich sanft zu bücken,
Zeigt sich im Berg ein Bug.

Dort wölbt sich eine Grotte,
Wild, schmal, doch anmuthsvoll;
Die wählte man dem Gotte
Zum Schutz vor Vatergroll.

Nah rauscht aus Felsgestäude
Ein Quell, durchirrt dann leis
Die blumenreiche Weide
Der schmucken Göttergeiss.*

Der Ebne Rosenauen
Entfleugt der Bienen Schwarm,
Den Mund dir zu bethauen,
Schläfst du auf Nymphenarm.

Den Raum um dich oft füllet
Und drängt die Thierwelt sich,
Umsingt, umblökt, umbrüllet
Als ihren Herrscher dich.

Noch andre Töne klingen
Dir, feierlich, in's Ohr,
Wenn, ohne Cymbeln, singen
Die Daktylen ** im Chor.

Der Götter Macht jetzt artet
Oft aus in Grausamkeit;
Von Dir, o Zeus, erwartet
Die Welt Gerechtigkeit.

Den Göttersohn zu bergen
Gebrach's uns nicht an Muth,
Uns däucht, du seist geborgen
Vor des Erzeugers Wuth.

Gedenk einst auf dem Throne
Deß was man für dich that,
Verkürze nie am Lohne
Die kleinste gute That !

Der Götter Macht jetzt artet
Oft aus in Grausamkeit;
Von dir, o Zeus, erwartet
Die Welt Gerechtigkeit.

## 11. Bacchus Kindheit

Fünf junge Nymphen dienen
Dir in der Kinderzeit,
Mit immerheitern Mienen
Auf jeden Wink bereit.

Die dehnt den weichen Teppich,
Auf dem du spielest, aus;

Die flicht dir grünen Gypich
In's Haar, so gelb, so kraus.

Die hüllt die zarten Hüften
Dir in ein Pardelvließ;
Die lehrt mit Anstand lüften
Den weinlaubschmucken Spieß.

Die preßt in goldne Becher
Der Traube Purpursaft,
Und warnt den jungen Zecher
Vor des Getränkes Kraft.

Beredt stellt dir dein Lehrer,
Silen mit greisem Haar,
Der Riesenzeit Verehrer,
Der Vorwelt Thaten dar.

Du staunst beim Heldenthume,
Bei Köus Wundermacht,
Wenn ihn mit ew'gem Ruhme
Krönt die Gigantenschlacht.

Doch nicht von Krieg und Fehden
Spricht jederzeit er nur,
Von Thaten hörst du reden
Auch sanfterer Natur.

Schutz gegen Unterdrücker
Dem Schwachen rühmt zu leihn
Er dir, und der Beglücker
Der Sterblichen zu sein.

Schon tragen Wald und Fluren,
Schon trägt ringe jeder Ort
Unwandelbare Spuren,
Wie sehr gewirkt sein Wort.

Wohin dein Weg dich führet,
Blühn Blumen ohne Zahl,
Was je dein Speer berühret,
Wird flugs zum Rebenpfahl.

Der Wildnis Ungethüme,
Leu, Tiger nahn sich dir,
Entwöhnt von Ungestüme,
Von Raub- und Mordbegier.

Der Mensch entsagt dem Ernste,
Gibt sich der Freude hin,
Das Nächste wie das Fernste
Verstimmt nicht seinen Sinn.

Er dünkt, sieht deine Gaben,
Genießt er deinen Wein,
Sich über Erd' erhaben, und
Göttern gleich zu sein.

* Amalthea. ** Beiname der
Korybanten

## 12. Faunenlied

Bei meinen Ziegenfüßen !
Nichts geht doch über Wein,
Den köstlichen, den süßen !
Auch schenk ich fleißig ein.

159

Ihr sucht die Jugendquelle ? Bei
meinem spitzen Horn !
Wein, Wein, so klar und helle,
Wein ist der Jugendborn.

Bei Nektar, Götter, sitzet
Ihr und übt euern Witz
Doch, ob das Aug euch blitzet,
Fällt keiner von dem Sitz.

Beweis, daß Nektar keine
Gewalt in sich verschließt:
Versucht's einmal mit Weine,
Der Aug' und Ohr euch schließt !

Kaum trink' ich eine Stunde,
Froh wie im Bad ein Fisch,
Geht alles in die Runde,
Und ich sink unter'n Tisch.

Da wird die kleine Grotte
Zum Olympgleichen Schloß,
Ich selbst zum Göttergotte
In goldner Wolken Schooß.

Der Weltregierung Zügel
Faßt meine Hand sogleich;
Atlas scheint mir ein Hügel,
Und Hellespont ein Teich.

Und eine goldne Kette
Hängt von dem Throne an
Hinunter bis zum Bette
Allvaters Ocean.

Auf einmal hör' ich donnern,
Doch tief, tief unter mir.
'S ist Zeus, sprech' ich....
                    kannst donnern
Freund Zeus, gefällt es dir !

## 13. Der Cyklope

O Galathea, ohne
Die ich, nicht leben kann,
Der Meergöttinnen Krone,
Erwähle mich zum Mann !

Was hast du an dem Laffen,
Dem Acis, der mit Spiel
Und Possen, gleich dem Affen,
Dich an sich fesseln will ?

Der Weichling ! er ist kleiner
Und jünger als du bist;
Und gelber noch und feiner
Sein Haar als deines ist.

Und, daß sich Zeus erbarm' !
Was für ein Kinn, Genick,
Und Schultern, Brust und Arme,
Wie für ein Weibesstück !

Kein Wort von seinen Augen
Vom zartsten Himmelblau,
Die nur zum blinzeln taugen,
Oft naß von Thränenthau.

Kein Wort von seinem Munde,
Wie eine Kirsche roth,

Klein, passender zum Schlunde
Dem Frosch, der Fliegen droht.

Kein Wort von seiner Wange,
Die einem Apfel gleicht,
Den Sonne, stundenlange,
Dick mit Karmin bestreicht.

Da lob' der Riefenglieder
Markvollen Bau ich mir:
Ein Schlag, — und es fällt nieder
Der größte Ochs vor dir.

Du siehst ohn' eine Eiche
Zum Wanderstock mich nie;
Das Meer gleicht einem Teiche,
Und reicht mir kaum an's Knie.

Vielleicht giebt's schönre Götter,
Doch stärkre nicht als ich:
Zeus selbst, beim Donnerwetter !
Quält nicht mit Buhlschaft dich.

Nie seh' ich ohne Wonne
Das Aug'auf meiner Stirn,
Bei Ehr' ! es gleicht der Sonne
Des Tages Glanzgestirn.

Drum, Galathea, ohne
Die ich nicht leben kann,
Du, der Göttinnen Krone,
Nimm mich zu deinem Mann !

## 14. Die Grazien

Aglaja

Sein Fest möcht' Amor feiern;
Doch sieht er, Mutter, ein,
Daß fern von dir, der theuern,
Sich Niemand werde freun.

Thalia

Wir kennen deine Trauer,
Seit Tod dein Kleinod nahm:
Dir heilet keine Dauer
 Der wunden Seele Gram.

Mit Wehmuth, Mutter, sehen
Dein Haupt wir ohne Kranz,
Der Wangen Reiz verwehen,
Und deiner Augen Glanz.

Pasithea

Wir können nicht ersetzen
Den quälenden Verlust,
Und fürchten zu verlegen
Die Stimmung deiner Brust;

Doch wagen wir die Bitte,
Du möchtest dich zerstreun,
Und dich in unsrer Mitte
Auf Augenblicke freun.

Aglaja

Es bringen feine Klagen
Adonis dir zurück,
Mit Muth mußt du ertragen
Das dir entflohne Glück.

Thalia

Komm, Mutter, laß erweichen
Uns heute nur dein Herz !
Versuch' es zu entweichen
Für heute deinem Schmerz !

Bafithea

Laß Amor, der, gleich Bienen,
An jeder Blume hängt,
Aus dessen Sinn und Mienen
Kein Leid die Lust verdrängt,

Sein frohes Ziel erreichen,
Sein holdes Fest begehn;
Laß still und dann entschleichen,
Und zu Adonis gehn !

Aglaja

Uns an sein Grabmal lehnen,
Ihm unsre Kränze weihn,
Mit Wehklag und mit Thränen
Sein Schattenbild erfreun !

Thalia

Nicht heischt von dir, Geliebte,
Aldonis ew'gen Schmerz;
Es gnügt ihm, der dich liebte,
Wenn sein gedenkt dein Herz.

## 15. Agamemnon und Iphigenia

Agamemnon

Kind, dem ich nichts verhehle,
Hör' was dein Vater spricht,
Und nimm mir von der Seele
Ein tödtendes Gewicht.

Du siehst, mit welchem Grimme
Die Mutter alles rügt,
Was ich, der Götter Stimme
Gehorchend, hier verfügt.

Nicht Eine Nacht vergehet,
Wo drohend nicht im Traum
Mein Ahne vor mir stehet
An schwarzer Wolken Saum.

Und zu mir spricht: Wie lange
Verziehst die Rache du !
Vor Weiberthränen bange,
Säumst du in frevler Ruh.

Nicht ich, die Götter treiben
Dich zu dem heil'gen Zug;
Und du wagst es zu bleiben,
Als schien' ihr Wort dir Trug.

Rächst die erlittne Schande
Nicht schnell du mit dem Schwert,
Liegt durch die Morgenlande
Dein Argos bald verheert.

Auch Troja zählet Freunde
Im hohen Götterrath;
Ihr aber schafft euch Feinde
Durch Säumniß und Verrath.

Iphigenia

Dein Kind dürft' ich nicht heißen
Brächt' ich mein Blut nicht dar,
Wenn Götter Sieg verheißen:
Komm, führ' mich zum Altar !

## 16. Ein Traumgesicht Homers

Homer, ein zarter Knabe,
Lebt, seit sein Vater starb,
Meist nur von milder Gabe,
Die Mitleid ihm erwarb.

Oft, sucht' er andre Kinder,
Mißhandeln sie ihn fast;
Stolz wohnt im Dorf nicht minder
Als nahe beim Palast.

Was soll er gegen viele ?
Bald schüchtern sie ihn ein;
Er meidet ihre Spiele,
Und weilt am Meer allein.

Als es an einem Morgen
Glatt, wie ein Spiegel, lag,
Vergißt er aller Sorgen,
Und bleibt den ganzen Tag.

Nach langem Suchen findet
Die bange Mutter ihn;
Vor Freude stumm, umwindet
Mit brünst'gem Arm sie ihn;

Küßt Mund und Stirn und Brauen,
Und Nacken ihm und Haupt,
Kann nicht genug beschauen,
Den sie schon todt geglaubt.

Ich hab' es heut gesehen,
Was du mich jüngst gelehrt:
O welche Lust das Sehen
Des Wunders mir gewährt !

Ja, die drei Götterföhne
Vertheilten sich die Welt:
Luft, Meer und die schöne
Prachtvolle Unterwelt.

Zum erstenmal hab' heute
Die dritte ich gesehn.
Sie ward des Windes Beute,
Der jetzt beginnt zu wehn.

Sie ist ein andrer Himmel,
Nur tief, tief unterm Meer;
Auch zog ein bunt Gewimmel
Von Wolken hin und her.

Zeus zu seinem Adler

Siehst du den Knaben wieder
Am Meeresstrand allein,
So flieg zur Erde nieder,
Und schläfre erst ihn ein,
Dann breite deine Schwingen
Sanft um den Knaben aus,
Und komm ! sein Blick soll dringen
In Zeus Kronion's Haus !

## Homer an der Schwelle Des Göttersaals

O welch ein sonnenheller
Und weiter runder Saal !
Deß Wänd' und Decke greller
Von Golde und Krystall
Erglänzen, als die Stärke
Des Menschenaugs erträgt.
Rings hat ein Gott dem Werke
Sein Siegel aufgeprägt....

Da naht zum frohen Mahle
Die ganze Götterschaar,
In goldenem Pokale
Reicht Nektar ihnen dar
Die Götterschenkin Hebe ....

Doch jetzt erhebt ein Zwist
Sich zwischen Zeus und Here !
Des frohen Mahls vergißt
Die ganze Schaar der Götter:
Furcht herrscht den Saal entlang.
Hephäst, für Here bang,
Bang vor dem finstern Wetter,

Das aus Zeus Brauen droht,
Ermahnet sie zum Schweigen,
Erzählt die eigne Noth,
Zur Sanftmuth sie zu neigen:
Wie einst ihn Zevs im Zank
Geschleudert auf die Erde,
Wie er neun Tage sank,
Und Sintier, am Herde,
Ihn nöthigten zum Mahl....

Jetzt nahm aus Hebe's Händen
Er Milchkrug und Pokal,
Schenkt voll, und mit behenden,
Gehinkten Schritten naht
Er Zeus, reicht ihm den Becher.
Zeus nahm und trank. Da naht
Mit neugefülltem Becher
Er auch der Mutter sich.
In Zeus und Here's Blicken
Glänzt Lächeln; Zorn entwich;
In wenig Augenblicken
Aus des Kroniden Brust.
Jetzt bricht der Götterreigen,
Sich Here's Gunst bewußt,
Das schwerverhaltne Schweigen,
Und berstet (Daß der Saal
Es neunmal wiederholte
Gleich einem Wiederhall,
Selbst wenn man schweigen wollte)
Mit immer lauterm Schall
In ein endloses Lachen
Nun aus, zu sehn Hephäst
Den Dienst des Mundschenks machen,
Bis sich, beschloß das Fest.

## 17. Homer an seine Tochter Nausikaa.

Sie haben dich verhöhnet,
Mir heil'ges*, theures Kind,
Im Wahn, durch Gold verwöhnet,
Daß mehr als du sie sind?

Dies ist des Reichthums Ernte,
Gold führt zu diesem Wahn,
Durch Gold getäuscht, verlernte
Der Mensch der Tugend Bahn.

Ein Weilchen nur noch mildre
Den Schmerz, der jetzt dich quält,
Bis ich dein Bildnis schildre
Der Mit- und Folgewelt.

Ein Stern sei erster Größe
Du meiner Odyssee,
Du deckst des Dulders Blöße,
Der kaum entging der See.

So daß nach tausend Jahren
Man, Kind, noch; dein gedenkt,
Dein menschliches Verfahren
Des Hörers Herz dir schenkt.

Die aber dich verhöhnet,
Ereilt des Unsinns Lohn.
Sie, durch Gepräng verwöhnet,
Vergißt die Mitwelt schon.

* Homerischer Ausdruck

## 18. An Homers Gegner

I.

Erlaubet mir zu fragen,
O hochgelehrte Herrn !
Homers Gedichte also
Gehören nicht Homern ?

Sagt gütigst, wem verdanken
Wir die Gedichte denn ?
Es nähte sie zusammen
Ein Schuster von Athen,

Pisistratus: der lernte
Sie auf der Wanderschaft
Von Bettelmusikanten
Aus Smyrna's Nachbarschaft.

Er heftete sie alle
In Eins, verstrich mit Wachs
Die Riss': 's war, so zu sagen,
Ein anderer Hans Sachs.'

Bedanke mich gar schönstens,
Ihr hochgelahrten Herrn !
Nun weiß ich doch, was Rechtens
Rücksichtlich auf Homern.

Das Sprichwort bleibt in Ehren:
Forscht nach der Wahrheit ihr,
Von Kindern und von Narren
Lernt sie am besten ihr.

## II.

Nein ! nach zweitausend Jahren
Entreißt ihr nicht den Kranz
Des Greises Silberhaaren,
Der strahlt in Götterglanz.

Ihr kommt zu spät mit eurem
Unsinnig - eitlen Buch.
Fehl schlug am Ungeheuren
Manch früherer Versuch.

Der Kampf war damals leichter,
Noch wahr der Sage Mund,
Das Meer der Zeiten seichter,
Durchsichtig bis zum Grund.

Kaum war das Werk erschienen,
Trat mancher Gegner auf;
Um nicht zum Spott zu dienen,
Gab er den Anschlag auf.

Gesteht, daß ihr ihn hasset,
Weil er so gar sehr groß ?
Und euch ein Schauer fasset,
Kommt nah' ihr dem Koloß ?

Nicht nur den eignen Zeiten
Erhob ihn das Geschick,
Die Menschheit sollte leiten
Im Unglück er und Glück.

Laßt ab von dem Beginnen,
Ihm nur Pigmäenspiel !

Des Zeitenstroms Zerrinnen
Ist seiner Dauer Ziel.

## 19. Der Tod.

Der große Seelenbote,
Der Tod trieb ernst ein Heer
Von Jünglingen zum Boote,
Das ihrer harrt am Meer.

Ihm folgt ein Heer von Greisen
Je paarweis Arm in Arm,
Wie Bienen summt in Kreisen
Um ihn ein Kinderschwarm.

Mit einemmale flehen
Die Wanderer ihn an:
Laß einmal noch ergehen
Uns auf dem Wiesenplan !

Laß dort, am Felsenquelle,
Zum letztenmale noch
Uns schlürfen seine Welle !
Dann klirr uns in dein Jodh ! —

Ihr möchtet mich bethören,
Verschmitzte Brüderschaft !
Würd' ich den Wunsch erhören,
Entflöht ihr meiner Haft.

Es nahten sich der Quelle
Frau'n, Bräut' und Mütter gleich,
Und trotz der Dämmerhelle,
Erkennten bald sie euch.

Ein Klaggeschrei entstände
Dann bald rings um mich her,
Daß Mitleid ich empfände,
Und husch ! weg ist mein Heer !

## 20. Despo

Kennt, die ihr mit höret,
Despo's Namen ihr,
Werth, daß ihr sie ehret
Als der Frauen Zier ?

Fern von Suli waren
In bedrängter Zeit
Alle Palikaren,
Tag und Nacht in Streit.

Sieh ! wie Diebe schleichet
Zu Dimula's Thurm
Sich der Feind, und scheuchet
Dort das Weib durch Sturm.

Gib dich nur gefangen !
'S ist nicht Suli hier,
Und zu spät gelangen
Sie zur Hülfe dir.

Wär' auch Suli euer,
Hülfe noch so fern,
Nie dient, Ungeheuer,
Despo euch, als Herrn ....

Naht mir, Kinder, Enkel !
Schließt euch an mich an,

Laßt als Heldenenkel
Uns dem Tode nahn !

Und des Pulvers Bande
Schlägt sie rasch entzwei,
Greift nach einem Brande, —
Alle sterben frei.


## 21. Mädchentod

Rosen in dem Haare,
Schön im Festgewand,
Klimmet Paar an Paare
Kühn die Felsenwand,

Am Marienfeste
Froh und ohne Harm
Bis zur Bergesfeste
Früh ein Mädchenschwarm.

Hier, nach alter Sitte,
Feiern sie den Tag
In des Kirchleins Mitte,
Das auf Felsen lag.

Bis zur Mittagsstunde
Stört nichts ihre Ruh;
Da wird ihnen Kunde:
Ali eil' herzu.

Vor dem Heil'genbilde
Kniet die junge Schaar,
Fleht um Schutz und Milde
Jetzt in der Gefahr.

175

Rasch dann siehst, wie Rehe
Über Haiden ziehn,
Du zur steilsten Höhe
Des Gebirgs sie fliehn.

Einem Höllenmunde
Ähnlich, senkt sich dort
Graunvoll Schlund an Schlunde
Ein gescheuter Ort.

Tanzend auf dem Rande,
Singt ein Lied das Chor:
Es verschallt im Lande
Und in Ali's Ohr:

Frei sind wir geboren,
Haben frei gelebt,
Schand' und Spott dem Thoren,
Der nach Sklaven strebt !

Sieh ! dir zu entgehen,
Wie dem Tod mit Muth
Wir entgegengehen,
Ächtes Heldenblut !

Als zum drittenmale
Sie umtanzt den Schlund,
Schlang mit einemmale
Sie des Grabes Mund.

## 22. Parga

Parga, von dir verhandelt,
Und des Verrathes Lohn
Bleibt, ewig unverwandelt,
Dein Brandmal, Albion !...

Mit Säcken und mit Spaten
Nahn spät, bei Fackelschein,
Die, England, du verrathen,
Der Gräber langen Reihn.

Kannst hier nicht langer weilen,
Der Vater heil'ger Staub !
Wir Enkel müssen eilen,
Sind sonst des Schwertes Raub.

Verzeiht, wenn wir euch stören
In langgenoßner Ruh  !
Unfähig uns zu wehren,
Fliehn wir dem Meere zu.

Das Land frohnt Ungeheuern
Mit blutbegier'gem Sinn
Fortan; wir aber steuern
Zu fremden Völkern hin.

Wir schlagen, euch zu retten,
Der Gräber Zierden ab;
Nie soll ein Türke treten
Auf unsrer Väter Grab !

**Kulmann Edition**

1. Band        K.F.v.G. Leben und Werk
               Elisabeth Kulmanns, 1. Teil

2. Band        E.K.  Gedichte, Gemäldesammlung,
               Saal 1 –  12

3. Band        E.K.  Gedichte, Gemäldesammlung,
               Saal 13 –  24

4. Band        E.K.  Poetische Versuche 1. Teil
               Anakreons Lieder, Blumenkranz,
               Poetische Versuche, 2. Teil
               Korinnens Gedichte

5. Band        K.F.v.G. Leben und Werk
               Elisabeth Kulmanns, 2. Teil

6. Band        E.K. Poetische Versuche 2. Teil
               Sappho

7. Band        E.K. Poetische Versuche 3. Teil
               Berenicens Denkmal

8. Band        E.K. Neue Gemäldesammlung
               in 20 Sälen, Saal 1-8

In Vorbereitung

9. Band        E.K. Neue Gemäldesammlung
               in 20 Sälen, Saal 9-20